SONDHEIM · KNOTEN-SPLEISSEN-TAKELN

ERICH SONDHEIM

Knoten Spleissen Takeln

15. Auflage

DELIUS KLASING VERLAG

ISBN 3-87412-009-0

Einbandentwurf: Siegfried Berning

Druck: Kunst- und Werbedruck, Bad Oeynhausen

Inhalt

Vorwort

Das Tauwerk ist ein Stück Handwerkszeug des Seemannes und Seglers. Der fachgerechte Umgang damit ist ein wesentlicher Bestandteil des seglerischen Stils, der den Sportsmann vom Sonntagssegler unterscheidet. Und er ist zugleich ein wesentlicher Bestandteil jener technischen Fertigkeiten, die für die Sicherheit von Boot und Besatzung unerläßlich sind: Ein Knoten, der sich im entscheidenden Moment löst, ist ebenso unangenehm oder gefährlich wie ein belegtes Ende, das sich im Augenblick des Manövers oder einer Gefahr trotz aller Bemühungen nicht schnell genug loswerfen läßt. Die seemännischen Knoten, Steke, Spleiße und sonstigen Takelarbeiten sind ein Produkt tausendjähriger Erfahrungen der Seefahrt. Sie halten, wenn sie halten sollen, Knoten und Steke lassen sich lösen, wenn sie ihren Zweck erfüllt haben. Dabei sind sie, wie alles, was eine ausgereifte Entwicklung hinter sich hat, von verblüffender Einfachheit, Zweckmäßigkeit und sogar Schönheit.

Als dieses Buch entstand, waren die meisten Sportboote aus Holz, das laufende Gut aus Baumwolle oder Hanf. Heute werden dafür fast ausschließlich Kunststoffe verwendet. Man mag das auf der einen Seite bedauern — auf der anderen Seite wird man die Vorteile der modernen Materialien kaum mehr missen wollen. Das verlangt aber eine Anpassung an die Eigenheiten der neuen Stoffe. Vor allem verlangt Tauwerk aus Kunstfasern seiner Glätte wegen besondere Sicherungen, wenn die Tampen nicht aus Spleiß und Knoten herausslippen sollen. Dem ist bei den Arbeitsanleitungen dieser Neuauflage Rechnung getragen, wobei allerdings oft empfohlene Wege, die dem „Geist" der seemännischen Knoten zuwiderlaufen, vermieden wurden — wie etwa das Sichern eines Tampen durch vorübergehendes Durchstecken unter einem Kardeel der festen Part oder gar das Umkehren des Drehsinnes während des Schlagens eines Knotens. Trotz dieser orthodoxen Beschränkung wird der Segler aber für jeden Fall und für jedes Material die richtige und ausreichende Anleitung finden.

Das Erlernen dieser Handfertigkeiten ist Winterarbeit. Man braucht für Knoten und Steke geflochtenes oder geschlagenes, für die Spleiße aber nur geschlagenes Tauwerk von 8 bis 10 mm Durchmesser, und für die Takelarbeiten eine Rolle Takelgarn („Bindfaden"). Und die Devise für sicheres Beherrschen aller Knoten, Steke und Spleiße lautet: üben, üben, üben — beim Spleißen, bis einem die Finger weh tun, und bei allen Knoten so lange, bis man sie „mit zu'nen Augen bei außen Licht hinter dem Rücken" kann! Man wird erstaunt sein, mit wieviel größerer Freude und Sicherheit man sich im Sommer an Bord bewegt, wenn jeder Knoten ohne Überlegen am richtigen Platz sitzt, jedes Fall richtig belegt ist, wenn kein „Chinesischer Wuhlingstek" mehr das Leben sauer macht und den Knoten-Künstler zum Gegenstand des Lächelns zünftiger Segler werden läßt.
Möge in diesem Sinne auch diese Auflage allen Seglern und Motorbootfahrern Freude und Nutzen bringen.

Der Verlag

I. Seemännische Ausdrucksweise und Begriffsbestimmung

Der Begriff *Tauwerk* umfaßt alle Materialien, also auch Drahttauwerk.

*

Das Wort *Tau* wird im allgemeinen nur in Zusammensetzungen gebraucht, wie Tauwerk, Jolltau, Strecktau usw. Sonst heißt ein „Tau" ein *Ende.*

„Stricke", „Seile", „Schnur" usw. gibt es in der seemännischen Sprache nicht.

*

Sehr starke Enden sind *Trossen.*

Sehr schwache Enden sind *Leinen* oder *Bändselgut.* Was an Land als „Bindfaden" bezeichnet wird, ist *Takelgarn,* was man an Land „Nähfaden" nennt, ist *Segelgarn.*

*

Das „Ende" eines Endes ist nicht das „Tauende", sondern der *Tampen.* Ein kurzes Ende, das nirgends fest ist, wird auch im Ganzen *Tampen* genannt.

Ein kurzes, zu einem bestimmten Zweck abgepaßtes Ende ist ein *Stander.* Ist es mit einem seiner Tampen fest, so ist es ein *Stert.*

Die Teile eines Endes, die zwischen zwei Punkten liegen, an denen das Ende seine Richtung ändert, sind seine *Parten* (Einzahl: Die Part).
Feste oder stehende Part: Die Part, die fest ist.
Lose Part: Die Part, die nicht fest ist. Bei Taljeläufern heißt sie Holende Part.

Das gesamte zur Schiffsausrüstung gehörende Tauwerk ist das *Gut*.
Stehendes Gut: Wanten, Stage usw., also Gut, das unbeweglich ist.
Laufendes Gut: Schoten, Dirken usw., also Gut, das bewegt wird.

*

Wird ein Ende in Haarnadelform gelegt, so entsteht eine *Bucht* (Abb. 1).

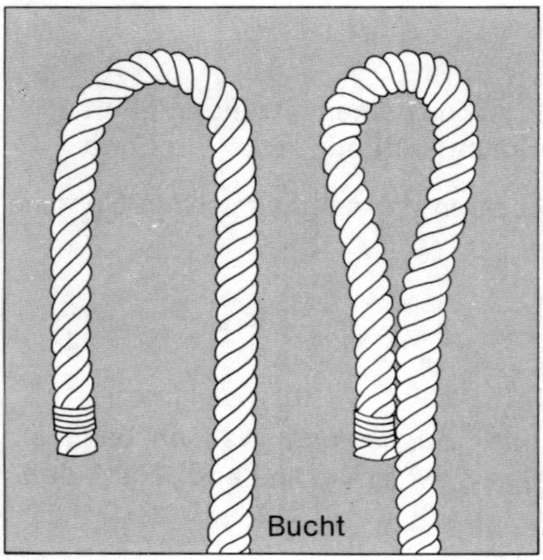

Abb. 1

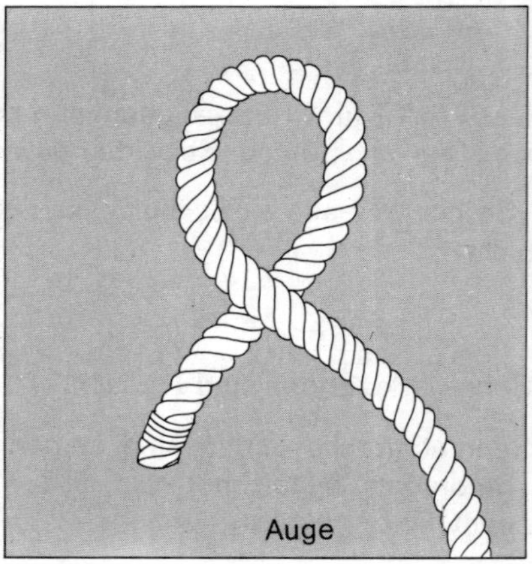

Abb. 2

Wird ein Ende so gelegt, daß es sich selbst überschneidet, so entsteht ein *Auge* (Abb. 2).
Unfreiwillig entstehende Augen heißen *Kinken* (Einzahl: Die Kinke) und machen das Ende unklar.
Beschreibt ein Ende einen vollen Kreis *um einen Gegenstand*, so ist dies ein *Rundtörn* (Abb. 3).
Verschlingst du zwei oder mehr Parten eines oder mehrerer Enden so miteinander, daß sie sich gegenseitig bekneifen und nicht von selbst lösen, so entsteht ein *Knoten*.

Verschlingst du zwei oder mehr Parten eines oder mehrerer Enden so *um einen Gegenstand* (z. B. einen Pfahl, eine Pütz oder auch einen anderen Teil des Endes selbst), daß sie sich nicht zu einem Knoten zusammenziehen können, so entsteht ein *Stek*.

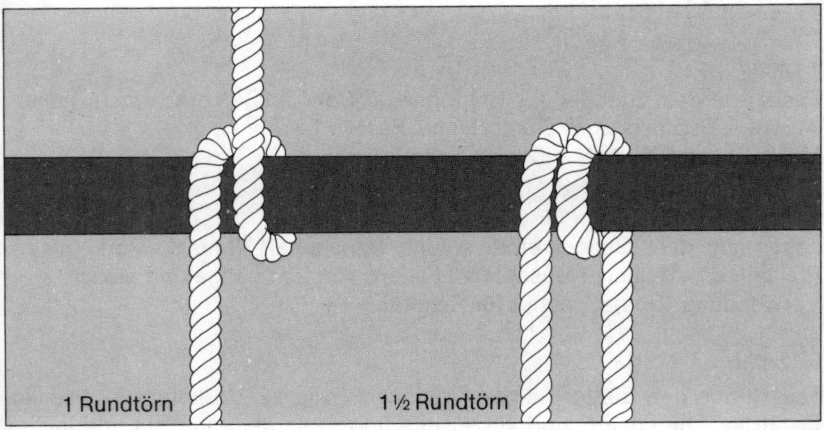

Abb. 3

II. Das Tauwerk*)

A. Das Material

1. Hanf

Faser aus dem Stengel der Hanfpflanze (Cannabis). Vorkommen: Italien, Amerika, Rußland, auch Deutschland. Fasern 1—2 m lang.
Verwendung: Überall, außer für Schoten.

2. Manila

Faser aus dem Stamm einer wilden Bananenart (Musa). Vorkommen: Philippinen, Antillen, Neuseeland. Fasern von 2 m Länge und mehr.
Verwendung: Überall, außer für Schoten.

3. Sisal

Fasern aus den Blättern einer Agavenart (Agava). Vorkommen: Mexiko, Ostafrika. Die Fasern sind kürzer und härter als die von Hanf und kürzer als die von Manila; das Tauwerk aus Sisal ist infolgedessen rauh und wenig lehnig; es ist billig, aber nicht angenehm zu handhaben.
Verwendung: Ankertrossen, Festmacher, Schlepptrossen.

4. Kokos

Faser aus der Schale der Kokosnuß. Vorkommen: Tropische Küsten. Die Fasern sind kurz und struppig, jedoch weich und sehr leicht, so daß Kokostauwerk schwimmt.
Verwendung: Schlepptrossen (die schwimmende Trosse ist leicht aufzupicken und bleibt klar von der Schraube des Schleppers!), Festmacher.

5. Baumwolle

Samenhaare der Baumwollstaude (Gossypium). Vorkommen: Vereinigte Staaten, Ägypten. Faserlänge 2—5 cm. Sehr lehnig, aber reckt stark.
Verwendung: Schoten, Flaggleinen, Bändsel auf kleinen Booten, auch Reihleinen usw.

---

*) Materialtabellen siehe Ziff. 92 ff.

6. Perlon

Kunstfaser. Sehr leicht, sehr dauerhaft und von großer Reißfestigkeit; unempfindlich gegen Feuchtigkeit und verrottet somit nicht; sehr lehnig, aber sehr elastisch.
Verwendung: Vorleinen, Festmacher, Schlepp- und Ankertrossen, Spinnakerschoten und -achterholer, Raumballonschoten; bei Verwendung als Fock-, Kreuzballon- oder Großschot wirkt die große Elastizität störend.

7. Stahldraht

Verzinkter Tiegelgußstahl.
Verwendung: Stehendes Gut; als Fallen nur mit angestecktem Ende aus Pflanzenfasern.

B. Die Verarbeitung

1. Tauwerk aus Pflanzen und Kunstfasern

a) Die Elemente des Tauwerks

Der Reepschläger dreht die Hanf- oder anderen Fasern zu *Kabelgarn* zusammen.
Die Kabelgarne werden in entgegengesetztem Drehsinn zu *Kardeelen* geschlagen (zusammengedreht). Das Kardeel ist das auf den ersten Blick sichtbare Element des Tauwerks.
Der Zwischenraum zwischen je zwei Kardeelen ist die *Keepe*.

b) Geschlagenes Tauwerk

Die Kardeele werden entgegen dem Drehsinn ihrer Kabelgarne zu einem Ende geschlagen.
Laufen die Kardeele im Drehsinn des Korkenziehers, so ist das Ende *rechts geschlagen*, verlaufen die Kardeele entgegen dem Drehsinn des Korkenziehers, so ist das Ende *links geschlagen*. Das übliche Tauwerk ist rechts geschlagen.

1. Der Trossenschlag: Drei Kardeele werden zu einem Ende geschlagen.

2. *Der Wantschlag: Vier* Kardeele werden zu einem Ende geschlagen.

3. *Der Kabelschlag:* Mehrere fertige Enden im Trossenschlag werden zu einem neuen Ende geschlagen.

4. *Leinen oder Bändselgut:* Enden mit einem Umfang von weniger als 2 cm, also mit einem Durchmesser von 6 mm und weniger.

5. *Takelgarn:* Sehr dünnes Gut mit 2 oder 3 Kardeelen zum Takeln und Nähen.

Hüsing: Dreidrähtiges (dreikardeeliges) Takelgarn.

Schiemannsgarn: „Nähfaden".

c) Geflochtenes Tauwerk

Die Kardeele werden nicht spiralisch zusammengedreht (geschlagen), sondern miteinander verflochten, wozu wesentlich mehr Kardeele benützt werden, als bei geschlagenem Tauwerk.
Für geflochtenes Tauwerk wird fast ausschließlich Baumwolle verwandt. Das Gut ist außerordentlich weich und lehnig, reckt aber infolgedessen stark und kann infolge seiner Konstruktion nicht gespleißt werden.

2. Drahttauwerk

a) Handelsüblich

Mehrere verzinkte Tiegelgußstahldrähte werden zu Kardeelen geschlagen; diese werden entgegen ihrem eigenen Drehsinn um eine Seele aus Jute oder Hanf zu einem Ende geschlagen. Bei starken Enden erhält auch jedes Kardeel eine Seele. (Näheres über die Konstruktion von Drahttauwerk Ziff. 92!)

Es ist zu unterscheiden zwischen Drahttauwerk für stehendes Gut (Wanten, Stage usw.) und laufendes Gut (Fallen usw.). Bei stehendem Gut soll das Drahttauwerk aus wenig Kardeelen, und diese wiederum aus wenigen, aber starken Drähten bestehen; dieses Gut ist sehr reißfest, aber auch sehr starr. Bei laufendem Gut besteht das Ende aus vielen Kardeelen mit vielen schwachen Drähten, wodurch es lehniger ist, als das stehende Gut; seine Reißfestigkeit ist allerdings auch geringer.

b) Drahtlitzen

Kommen aus dem Flugzeugbau. Sie sind aus besonders hochwertigem Material ohne Seele zusammengepreßt. Das Gut ist außerordentlich reißfest und leicht, läßt sich mit Bordmitteln aber nicht bearbeiten; Augen müssen mit Spezialmaschinen gefertigt werden.

C. Die Behandlung des Tauwerks

Von allem Bootszubehör unterliegt das Tauwerk dem größten Verschleiß und bildet einen schwerwiegenden Posten bei der Instandhaltung der Boote. Durch sachgemäße Behandlung kann dieser Verschleiß erheblich verringert werden.

1. Tauwerk aus Pflanzen- oder Kunstfasern

Wähle dein Tauwerk nicht zu schwach, damit es nicht überlastet wird.

*

Das Tauwerk ist, soweit dies irgend möglich ist, vor *Nässe* zu schützen, da es sonst vorzeitig verrottet. Jedes lose Ende und jeder Tampen eines belegten Endes ist (mit Ausnahme der Schoten unter Segel) sauber aufzubunschen (Ziff. 27, 28!) und so unter Deck aufzuhängen, daß der Bunsch nicht dem Regen- oder Spritzwasser ausgesetzt ist. Vor allem ist aber darauf zu achten, daß der Bunsch nicht in die Bilge zu liegen kommt.

Nasses Tauwerk darf nur lose aufgebunscht werden und ist so aufzuhängen, daß es der Luft ausgesetzt ist und trocknen kann.

*

Wird trockenes Tauwerk aus Pflanzenfasern naß, so quellen seine Kabelgarne auf. Da sowohl Kabelgarne als auch die Kardeele spiralisch verlaufen, ergibt die Verdickung des Endes eine Verkürzung. Diese Verkürzung ist sehr erheblich (nach Grohmann 4 % nach 5 Minuten Wässern, und 7 % nach 24 Stunden Wässern!) und entwickelt eine ungeheure Kraft.

*

Beim Hafenklarmachen eines Bootes müssen also alle Fallen, Standerleine, Flaggleine usw. aus Pflanzenfasern mit *sehr viel Lose* belegt werden! Ein Fall mit einer Blockhöhe von 10 m kann sich bei längerem Regen bis um 70 cm verkürzen! Die auftretenden Zugkräfte sind ungeheuer groß und bringen das Fall zum Brechen, reißen die Belegklampe ab oder heben den Mast aus der Spur, je nachdem, wo sie den geringsten Widerstand finden. Auf See ist, wenn es zu regnen beginnt, alles laufende Gut zu schricken.

*

Rechts geschlagenes Tauwerk aus Pflanzenfasern ist rechts herum aufzuschießen und als Taljeläufer rechts herum zu scheren, andernfalls es Kinken bildet bzw. als Taljeläufer vertörnt. Links geschlagenes Tauwerk ist links herum aufzuschießen und zu scheren.

*

Rechts geschlagenes Tauwerk aus Pflanzenfasern ist vor Verwendung als laufendes Gut mehrmals links herum aufzuschießen, damit es weich wird, andernfalls es vertörnt, wenn Kraft auf das Ende zu stehen kommt.

*

Tampen sind durch aufgesetzte *Taklinge* gegen Aufdrüseln zu sichern. Die Kardeele eines aufgedrüselten Tampens verlieren ihren Törn und werden weich, so daß sie sich nicht mehr zusammenfügen lassen. Aufgedrüseltes Tauwerk ist nicht mehr zu retten.

*

In jedes Auge ist eine *Kausch* zu spleißen, um ein Schamfilen des Schäkels zu verhindern.

*

Pflege deine Blöcke und gib ihnen von Zeit zu Zeit einen Tropfen Öl. Achte, ob sich die Scheiben in allen Blöcken leicht drehen und mustere Blöcke mit festgefressenen Scheiben oder ausgeschlagenen Wellen sofort aus. Festsitzende Scheiben schamfilen und bringen das Ende zum Brechen.

*

Benütze bei Schoten, auf die viel Kraft zu stehen kommt, keine Leitösen, sondern Blöcke oder Rollen und sichere deine Wanten mit Wantenrohren, auf denen die Fockschoten leicht gleiten.

2. Drahttauwerk

Die *Verzinkung* schützt das Gut vor dem Verrosten. Beschädigung der Verzinkung beim Spleißen, durch Schamfilen in Decksdurchführungen usw. müssen sorgfältig vermieden werden. Verrostetes Tauwerk ist auszumustern, auch wenn nur eine einzige Stelle verrostet ist. Kein Ende ist stärker als seine schwächste Stelle!

*

Drahttauwerk hat das Bestreben, *Kinken* zu bilden. Kommt Kraft auf die Kinke zu stehen, so werden die Kardeele auseinandergespreizt, was zum Bruch führt. Kinken sind sorgfältig zu vermeiden, und wenn sie trotzdem auftreten, vorsichtig auszutörnen, bevor das Ende gestreckt wird.

Aufgeschossenes Drahttauwerk ist durch Aufsetzen von *Taklingen* gegen Aufspringen zu sichern; bei stärkerem Tauwerk erhält auch jedes Kardeel einen Takling. Wird Drahttauwerk gekappt, so ist *vor* dem Kappen beiderseits der Kappstelle je ein Takling aufzusetzen.

✳

Drahttauwerk darf nicht mit zu kleinem *Krümmungsradius* beansprucht werden, da sich sonst ebenfalls die Kardeele aufdrehen. In jedes Auge ist deshalb eine genügend große *Kausch* zu spleißen, und die Scheiben der Blöcke, durch die das Tauwerk fährt, müssen einen genügend großen Durchmesser haben.

✳

Spleiße müssen gesmartet und gekleedet werden, um das Eindringen von Feuchtigkeit in das Drahttauwerk zu verhindern, und außerdem um Verletzungen der Hände, Kleider und Segel durch vorstehende Drahtspitzen vorzubeugen.

✳

Brechen einzelne Drähte eines Drahtendes durch äußere Verletzungen, so beeinträchtigt dies die Tragfähigkeit des Endes zunächst nur wenig. Die Schadensstelle ist jedoch sofort zu smarten und zu kleeden, damit keine Feuchtigkeit in das Ende eindringen kann, was zum Verrotten der Seele und zum Bruch des Endes führen würde.

D. Die Bordmittel

Folgendes Werkzeug gehört an Bord eines jeden Bootes, um die anfallenden Arbeiten an Tauwerk und Segeln ausführen zu können:

1. *Der Marlspieker* (Abb. 4) ist ein starker, eiserner Dorn von etwa 20 cm oder mehr Länge, mit oder ohne Holzgriff, und dient zu jeder Arbeit, wie Aufdrehen von festsitzenden Schäkelbolzen, Anheben der Kardeele beim Spleißen, Aufbrechen von Knoten und Steken, Beklopfen von Spleißen und ganz allgemein als Hebel. Marlspieker, die zum Spleißen von Drahttauwerk benützt werden, sollen eine Hohlkehle haben (Abb. 5), in die man die einzelnen Kardeele beim Durchstecken einführen kann.

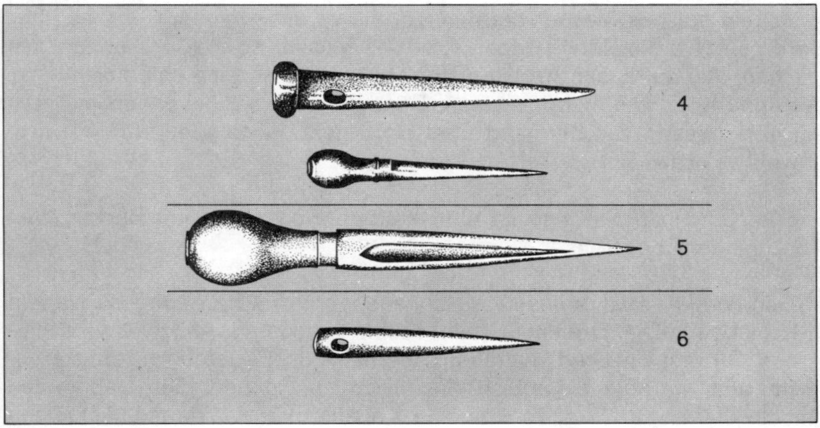

Abb. 4—6

2. *Der Pricker* (Abb. 6) ist ein kleiner Marlspieker von etwa 10 cm Länge und dient zum Vorstechen von Löchern, zum Spleißen von schwächerem Tauwerk, und natürlich auch wieder zum Aufdrehen von Schäkeln. Zu diesem letzteren Zweck sollte jeder Crewangehörige immer einen Pricker bei sich führen, den er an einem Bändsel um den Hals trägt oder am Gürtel ansteckt. Das Bändsel muß so lang sein, daß man mit dem Pricker bei ausgestrecktem Arm arbeiten kann, ohne das Bändsel abzustecken.

Wird der Pricker in die Tasche gesteckt, so empfiehlt es sich, aus starkem Segeltuch eine kleine Scheide für ihn anzufertigen, damit man sich nicht an ihm verletzt.

3. *Das Bordmesser* soll eine nichtrostende, breite Klinge haben. Im allgemeinen genügt ein Klappmesser.

4. *Das Seglermesser* ist ein Taschenmesser, das Bordmesser und Pricker in sich vereinigt (z. T. auch Schraubenzieher und Korkenzieher). Der Prikker schnappt beim Aufklappen in eine Rast und steht fest. Diese Art von Messern löst das Problem, wie man einen Pricker mit sich führen kann, ohne sich zu verletzen, am einfachsten. Allerdings darf der Pricker nur mit Maß beansprucht werden, da sonst seine Rast beschädigt wird.
Seglermesser werden auch mit starken Korkauflagen auf den Schalen verkauft; ein solches Messer hat den Vorteil, zu schwimmen, wenn es über Bord geht. Da die Korkauflagen aber das Messer so dick und unhandlich machen, daß man beim Arbeiten stark behindert ist, empfehlen sich Messer ohne Kork, die man mit einem Bändsel ansteckt, besonders da man ein Korkmesser, das bei Fahrt über Bord geht, kaum wiederfinden wird, obwohl es schwimmt.

5. *Die Kombinationszange* ist eine kräftige Flachzange mit Backen zum Abschneiden von Draht.

6. *Segelnadeln* sind dreikantige Nähnadeln oder flache, gebogene Nadeln (Sacknadeln). Die Dreikantnadeln sollen mindestens in zwei verschiedenen Größen an Bord mitgeführt werden, um Reparaturen an schwachem und starkem Segeltuch ausführen zu können. Die gebogenen Nadeln dienen zu Takelarbeiten, wie Annähen von Liektauen, Aufsetzen von Taklingen usw. Damit die Nadeln nicht rosten, bewahrt man sie in ausgelassenem Talg auf, der sie ganz bedecken muß.

Die Beschreibung von weiterem Werkzeug befindet sich an den einschlägigen Stellen dieses Büchleins.

III. Die Taklinge

1. Der genähte Takling (Abb. 7)

Verwendung: Auf geschlagenem Tauwerk.

(1) Klemme das zu takelnde Ende unter den linken Arm, Tampen nach rechts; lege den Tampen des Takelgarns so auf das Ende, daß er

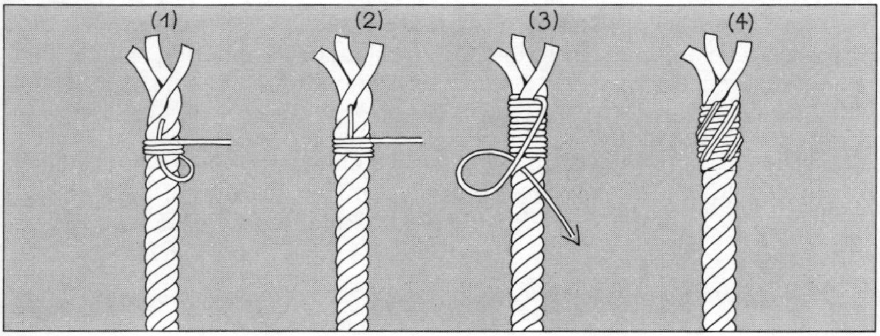

Abb. 7

zum Tampen des Endes weist, und bekneife ihn zwischen linkem Daumen und Zeigefinger.
Lege mit dem Takelgarn einige Rundtörns dicht bei dicht so um das Ende, daß sie zum Tampen hin und im gleichen Uhrzeigersinn wie die Kardeele fahren.

(2) Hole den bisher mit dem linken Daumen bekniffenen Tampen des Takelgarns steif und lege noch so viel weitere Rundtörns, daß die gewünschte Länge des Taklings erreicht ist. Die Länge des Taklings soll etwa $^2/_3$ des Tampendurchmessers sein; bei dünnen Leinen muß er jedoch länger werden.

(3) Fahre mit dem Takelgarn hinter einem Kardeel des Tampens hindurch und über die Rundtörns hinweg, wobei du der Keepe folgst, aus der das Takelgarn herausfährt.

(4) Fahre unter dem nächsten Kardeel hindurch (ist der Tampen zu hart, so hebe das Kardeel mit dem Marlspieker an oder „nähe“ den Takling mit einer stumpfen Segelnadel); fahre dann über der Keepe, aus der das Garn fährt, zurück zum Tampen und um das nächste Kardeel. Setze dies so lange fort, bis du wieder am Anfang angekommen bist. Dann wiederhole dasselbe, bis alle Parten des Takelgarns doppelt fahren.

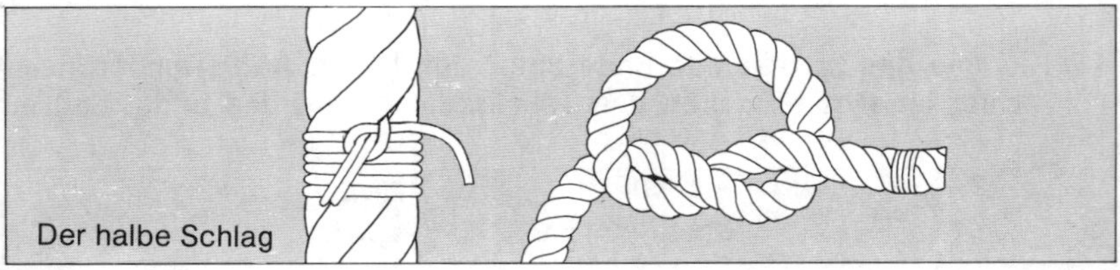

Abb. 7 (5)

(5) Sichere das Takelgarn, indem du um den Querschlag einen halben Schlag legst. (Einmaliges Verschlingen des Garns mit sich selbst.) Kappe den Tampen und drüsele die überstehende Kardeele auf.

2. Der gekreuzte Takling (Abb. 8)

Verwendung: Auf geflochtenem Tauwerk.

(1) Verfahre wie bei dem genähten Takling Ziff. 1 (1)—(2).

(2) Nimm eine Segelnadel, umfahre die zwei letzten Törns des Takel-

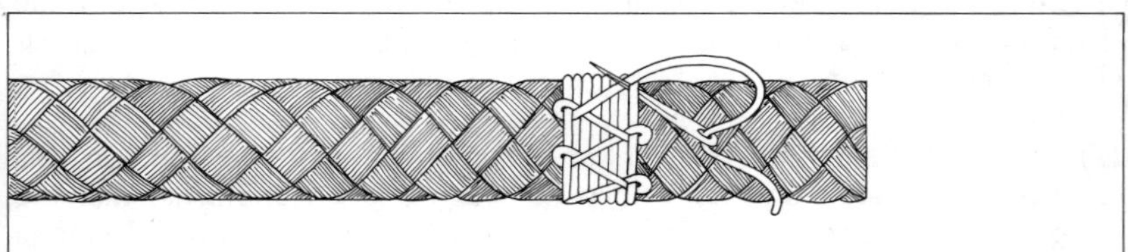

Abb. 8

garns und fahre schräg über den ganzen Takling hinweg. Nun unterfahre in umgekehrter Richtung die beiden ersten Törns des Taklings, wobei du *hinter* dem zuerst gelegten Querschlag herauskommen mußt, so daß der Querschlag beim Weiterarbeiten gekreuzt wird. Bei dem Unterfahren der beiden ersten und der beiden letzten Rundtörns sind jedesmal einige Fäden des Tampens mit zu erfassen, um den Takling gegen Abslippen zu sichern.

(3) Fahre so fort, bis du am Ausgangspunkt angekommen bist und sichere das Takelgarn mit 1 oder 2 halben Schlägen (Ziff. 1). Kappe den Tampen und drüsele die überstehende Kardeele auf.

3. Behelfstaklinge

Verwendung: Dort, wo ein Takling nur kurze Zeit auf einem Tampen bleiben soll (z. B. während des Spleißens), oder wo er keinerlei Beanspruchung ausgesetzt ist (z. B. auf Vorratstauwerk).

a) Abb. 9

(1) Verfahre wie unter Ziff. 1 (1)—(2) beschrieben, lege aber die Rundtörns nur bis zur Hälfte der gewünschten Taklingslänge. Dann bekneife den letzten Törn mit dem linken Daumen und lege das Takelgarn in einer langen Bucht entlang dem Ende, worauf du auch dieses bekneifst.
Jetzt törne die mit dem Daumen bekniffene Part des Takelgarns weiter um das Ende, so daß die andere Part der Bucht ins Innere der

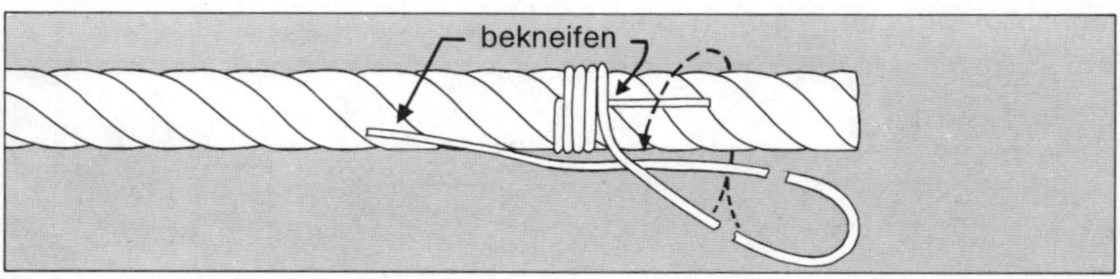

Abb. 9 (1)

Törns zu liegen kommt. Du mußt also bei jedem Törn mit der rechten Hand umgreifen, weil dir die andere Part des Takelgarns im Wege ist, und du mußt bei jedem Törn die Bucht des Takelgarns einmal über den Tampen des Endes legen.

(2) Hat der Takling die gewünschte Länge, so hole die Bucht des Takelgarns an dem Garntampen, der aus der Mitte des Taklings herausfährt, durch und kappe das Garn dicht am Takling.

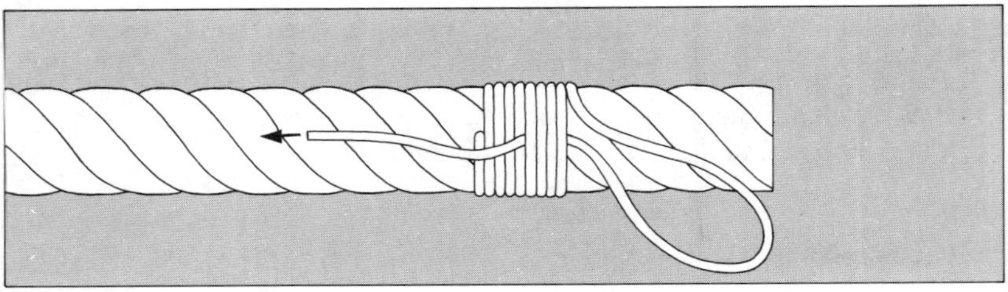

Abb. 9 (2)

Dieser Takling darf auf Gebrauchstauwerk nicht aufgesetzt werden! Er würde, wenn das Tauwerk naß wird, durch dieses gedehnt (siehe II C 1) und bei der ersten Beanspruchung abgestreift werden; auch ein sehr steifes Holen des Törns könnte dieses Abslippen nicht verhindern, sondern nur verzögern.

b) Abb. 10

Der folgende Behelfstakling ist noch schlechter. Er sollte nur verwandt werden, wenn es nicht möglich ist, die Bucht des Takelgarns über den Tampen des Endes zu legen, wie z. B. beim Kappen von Drahttauwerk, wobei die beiden neu entstehenden Tampen schon vor dem Kappen gegen Aufspringen zu sichern sind.

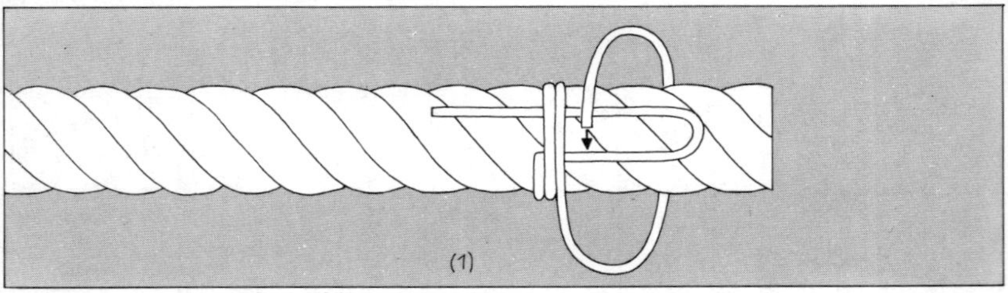

Abb. 10 (1)

(1) Lege eine genügend große Bucht des Takelgarns so auf das Ende, daß ihr Bogen zum Tampen bzw. zur Kappstelle weist. Dann törne das Takelgarn zum Tampen hin um das Ende, so daß die zuerst gelegte Bucht ins *Innere* der Törns zu liegen kommt. Die Bucht muß noch über die Törns hinaussehen, wenn der Behelfstakling die gewünschte Länge hat.

(2) Kappe das Takelgarn und stecke seinen Tampen durch die Bucht; hole mit dem anderen Tampen des Takelgarns die Bucht und den

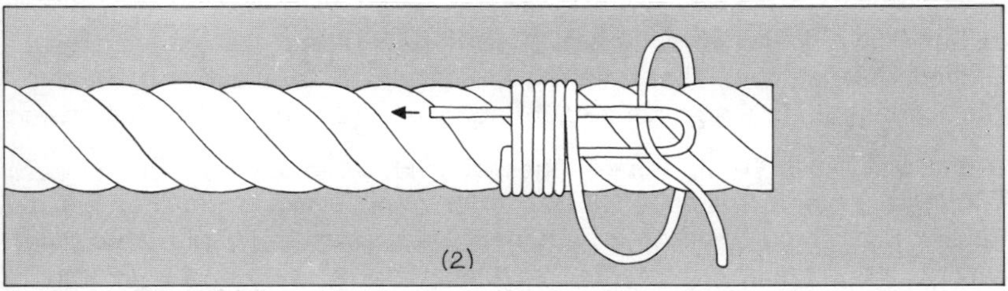

Abb. 10 (2)

gekappten Tampen ins Innere der Törns, achte aber darauf, daß du sie nur bis zur *Mitte* des Taklings holst und nicht weiter!

Dieser Behelfstakling hat ebenso wie der vorige den Nachteil, daß er mit der Zeit lose kommt und abslippt. Außerdem besteht die Gefahr, daß man die Bucht beim Holen ins Innere der Törns zu weit durchholt, wonach sich der Takling einfach auflöst.

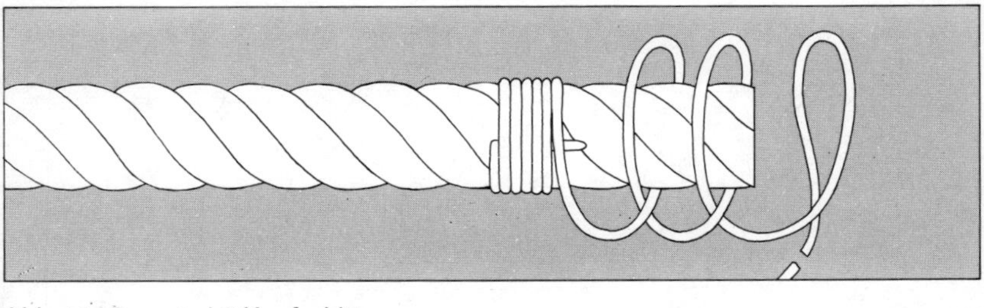

Abb. 11 Das sind 3 Kopfschläge

c) Abb. 11

Die weitaus geringste Haltbarkeit hat der Behelfstakling, wie ihn die Reepschläger auf den Tampen ihrer Vorräte setzen.

Beginne den Takling wie zuvor beschrieben und lege nach einigen Törns eine beliebige Anzahl von *Kopfschlägen* [Ziff. 27 (4)] über den Tampen.

d) Der spanische Takling oder Rückspleiß (siehe Ziff. 9)!

e) Bei Tauwerk aus Kunstfasern (Perlon usw.) kann man, anstatt einen Takling aufzusetzen, den Tampen verschweißen. Bei dünnem Bändselgut, auf dem ein Takling nicht aufzubringen wäre, empfiehlt sich dies *immer*.

Drehe den Tampen mit seinem äußersten Ende über einem brennenden Zündholz, einer brennenden Kerze oder dem Propangaskocher bis die Kardeeltampen zu schmelzen beginnen. Dann presse die Kardeele durch kurzes und schnelles Zugreifen mit Daumen und Zeigefinger (Vorsicht! Heiß!) so oft zusammen, wie sich noch eine Formänderung wahrnehmen läßt, und gib ihnen bei jedem Zugreifen einen Törn in Richtung ihres Schlages. Sind die Kardeeltampen dann noch nicht zu einem festen Ganzen zusammengeflossen, so wiederhole die Behandlung, bis dies geschehen ist. Bei einem Ende von 8 mm ∅ wirst du etwa 3—4 Zündhölzer aufwenden müssen.

Halte den Tampen nicht niedriger als etwa 1—1½ cm über die Spitze der Zündholz- oder Kerzenflamme, andernfalls der Tampen schwarz wird.

IV. Das Spleißen

A. In Tauwerk aus Pflanzen- oder Kunstfasern

Beide Tauwerk-Arten werden in gleicher Weise gespleißt. Da jedoch synthetisches Tauwerk sehr weich ist, so daß der Druck der unterfahrenen Kardeele auf die durchgesteckten Kardeele nicht ausreicht, diese am Herausslippen zu hindern, empfiehlt es sich, bei synthetischem Gut nach Fertigstellung des Spleißes die Tampen der durchgesteckten Kardeele mit den unterfahrenen Kardeelen zu verschweißen, wie unter Ziff. 3e beschrieben. Hier genügt es jedoch, die Kardeeltampen „anzuheften"; ein Zusammenfließen zu einem harten Ganzen würde die Lehnigkeit des Spleißes beeinträchtigen.
Ein leichtes Verschweißen der Kabelgarne jedes einzelnen Kardeeltampens vor Beginn des Schweißens verhindert ein Aufdrüseln und erleichtert das Durchstecken.

4. Der Augspleiß

a) Im Trossenschlag (dreikardeelig) (Abb. 12)

(1) Drehe den Tampen, in den das Auge gespleißt werden soll, 6 Törns auf und setze dahinter einen Behelfstakling (Ziff. 3); der Takling

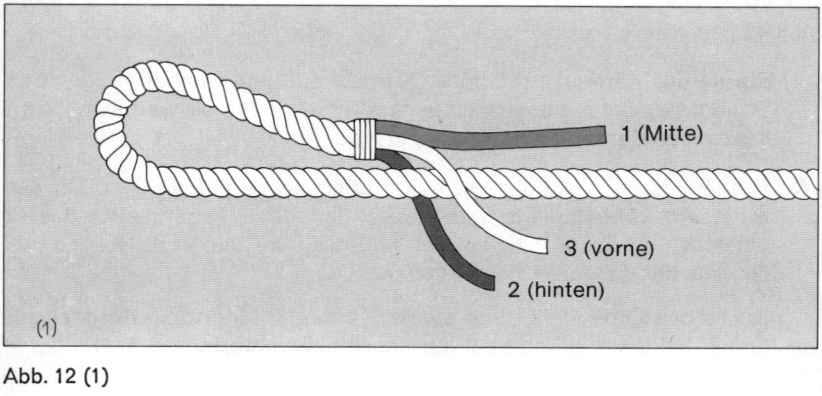

Abb. 12 (1)

bleibt weg, wenn du die notwendige Fertigkeit im Spleißen erreicht hast. Drehe den Tampen bis ganz zum Takling weiter auf und ziehe die Kardeele mit Kraft durch die Faust (nicht bei synthetischem Gut!), bis sie ihre Törns verloren haben und lehnig sind.

Nimm das Ende mit dem aufgedrehten Tampen nach links quer vor dich auf die Knie und lege das Auge in der gewünschten Größe. Drehe den Tampen so um seine Längsachse, daß das Auge hochkant steht und das Kardeel des aufgedrehten Tampens, das als *mittleres* aus dem Takling fährt, *auf* das Ende zu liegen kommt.

Von dir aus gesehen, liegt dann Kardeel 1 auf dem Tampen, Kardeel 2 hinter dem Tampen und Kardeel 3 vor dem Tampen.

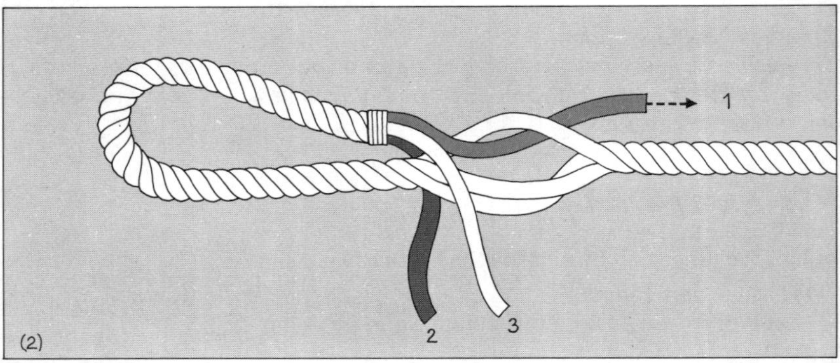

Abb. 12 (2)

(2) Stecke das Kardeel 1 (mittleres Kardeel *auf* dem Tampen) *gegen den Schlag,* also bei rechtsgeschlagenem Tauwerk von dir weg, unter dem passenden Kardeel des Endes hindurch.

(3) Drehe das Ende wieder um seine Längsachse auf dich zu, bis das Auge waagerecht liegt und stecke das oben liegende Kardeel 2 unter dem nächsten Kardeel des Endes durch, also in die Keepe hinein, aus der Kardeel 1 herauskommt.

Drehe das Ende weiter und stecke Kardeel 3 unter dem Kardeel des Endes hindurch, das du bis jetzt noch nicht unterfahren hast, also in die Keepe hinein, aus der das zuletzt durchgesteckte Kardeel 2 herauskommt, und aus der Keepe heraus, in die Kardeel 1 hineingefahren ist.

Kontrolliere, ob aus *jeder Keepe* des Endes *ein Kardeel* des Tampens herauskommt!

Entferne den Takling und hole die durchgesteckten Kardeele *reihum* und *rechtwinklig zu den Keepen sinnig* steif.

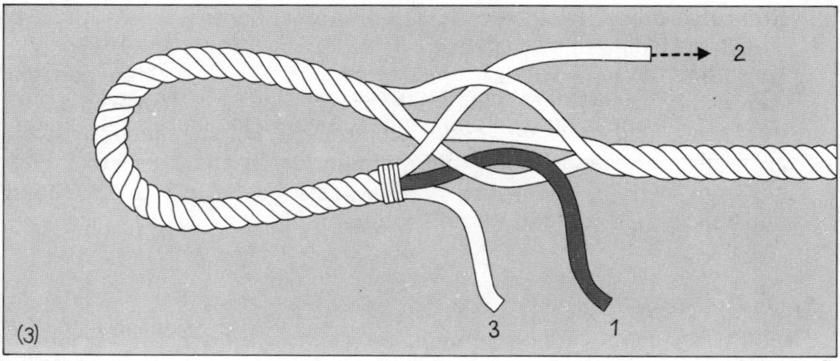

Abb. 12 (3)

Achte! Jedes Kardeel nur wenig holen, dann zum nächsten Kardeel! Dies so lange fortsetzen, bis alle Kardeele durchgeholt sind. Würde jedes Kardeel oder auch nur eines von ihnen in einem Pull ganz durchgeholt, so müßten sich die Kardeele im Auge auftörnen! Auch ein zu steifes Durchholen der Kardeele hat ihr Auftörnen im Auge zur Folge! Bei synthetischem Gut besonders sinnig durchholen!

Werden die Kardeele nicht rechtwinklig zu den Keepen, sondern rechtwinklig zum Ende oder gar in Richtung zum Auge geholt, so wird der Spleiß zu dick und das weitere Durchstecken wird unmöglich; außerdem slippen die gekappten Kardeeltampen später aus den Keepen, da die Kardeele sich von selbst in ihre natürliche Lage zurückbewegen.

Werden die Kardeele vom Auge weg in Richtung des Endes durchgeholt, so wird der Spleiß zu lang und die Kardeele fügen sich ebenfalls nicht in den Spleiß.

Also rechtwinklig zu den Kardeelen holen!

(4) Fahre mit einem beliebigen Kardeel des Tampens über das *nächste* Kardeel des Endes, also *weg* von dir, und unter dem übernächsten hindurch.

Drehe das Ende weiter auf dich zu und verfahre mit dem nächsten von dir weggelegenen Kardeel des Tampens genauso, und ebenso mit dem letzten.

Kontrolliere! Aus jeder Keep muß *ein* Kardeel herausfahren!

Hole die Kardeele wieder sinnig steif und verfahre dann genauso zum dritten Male. Kontrolliere wieder, ob aus jeder Keepe ein Kardeel fährt, und hole sie wieder sinnig steif. Dann rolle den Spleiß zwischen den Handflächen (bei starkem Gut mit Fuß an Deck oder auf dem Boden), damit sich die Kardeele schön ineinander fügen, und kappe, was von den Kardeelen übersteht.

(5) *Das Verjüngen*

Soll der Spleiß besonders gut aussehen, so *verjünge* die Kardeele: Nach dem *zweiten* Durchstecken drüselst du aus jedem Kardeel ein Drittel der Kabelgarne heraus und kappst sie dicht am Ende. Dann steckst du jedes Restkardeel einmal durch, wie zuvor beschrieben, und achtest darauf, daß die gekappten Kabelgarne in die Keepe zu liegen kommen und durch das Restkardeel bedeckt werden.

Nun halbierst du die Restkardeele und steckst das letzte Drittel ebenso einmal durch. Dann rollst du den Spleiß und kappst die überstehenden Kardeeltampen.

b) Im Wantschlag (vierkardeelig) (Abb. 13)

Der Augspleiß im Wantschlag unterscheidet sich von dem im Trossenschlag nur beim ersten Durchstecken.

Wenn du das Auge hochkant stellst [Ziff. 4a (1)], so legst du die *beiden mittleren* Kardeele des Tampens *nebeneinander* auf das Ende. Dann fährst du mit den *beiden* mittleren Kardeelen in die passende Keepe des Endes und kommst mit dem zu dir liegenden Kardeel 1 hinter dem ersten unterfahrenen Kardeel des Endes heraus, mit dem Kardeel 2 nach dem zweiten, also dem übernächsten; beide Kardeele fahren also in dieselbe Keepe, Kardeel 1 unterfährt aber nur 1 Kardeel, Kardeel 2 dagegen 2 Kardeele.

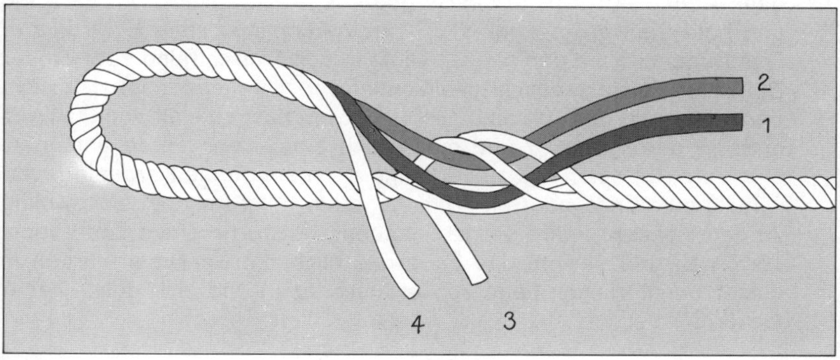

Abb. 13

Kardeel 3 fährt in die Keepe, aus der Kardeel 2 herauskommt, und das Spleißen geht genauso weiter, wie unter a) beschrieben.

5. Das Einspleißen einer Kausch

Prüfe zunächst, ob die Kausch die dem Durchmesser des Endes entsprechende Größe hat. Das Ende darf in der Keepe der Kausch keine Luft haben, aber auch nicht seitlich über die Kauschränder hinausstehen, da sonst der Schäkel schamfilen und die Kabelgarne zerstören würde.

(1) Drehe den Tampen auf und setze einen Takling, wie beim Augspleiß [Ziff. 4 a (1)] beschrieben; dann lege den Tampen so um die Kausch, daß der Takling von der Stelle des ersten Durchsteckens so weit entfernt ist, daß das Auge beim Durchholen der Kardeele noch kräftig gereckt werden kann; andernfalls würde sich das Auge erst recken,

wenn Kraft auf das Ende zu stehen kommt, und die Kausch würde dann herausfallen. Merke dir die Stelle, an der das erste Kardeel durchgesteckt werden soll, und lege die Kausch beiseite.

(2) Stecke jedes Kardeel an der vorgesehenen Stelle *einmal* durch, wie beim Augspleiß (Ziff. 4) beschrieben, lege die Kausch in das Auge und hole die Kardeele mit viel Kraft *vollkommen steif. Kontrolliere!* Das Auge muß um den *ganzen* Umfang der Kausch (also auch an der Spitze einer Herzkausch!) vollkommen *fest anliegen!* Ist das nicht der Fall, so ist das Auge zu groß, d. h., du hast zu weit vom Tampen entfernt durchgesteckt und mußt noch einmal von vorne anfangen. Der Versuch, das Auge zu verkleinern, indem du die Kardeele rechtwinklig zum Ende oder gar zum Auge hin holst (anstatt rechtwinklig zu den Keepen!) wäre vergeblich, denn du würdest das Ende dabei vertörnen und sowohl das Ende, als auch die Kardeele würden in dieser unnatürlichen Lage schnell nachgeben und sich doch wieder lockern.

(3) Fahre fort, wie beim Augspleiß [Ziff. 4 a (3)] beschrieben.

6. Der Segelmacherspleiß (Abb. 14)

Verwendung: Augspleiß in Liektauen und bei Taljeläufern, da der Spleiß besonders schlank und lehnig ist.

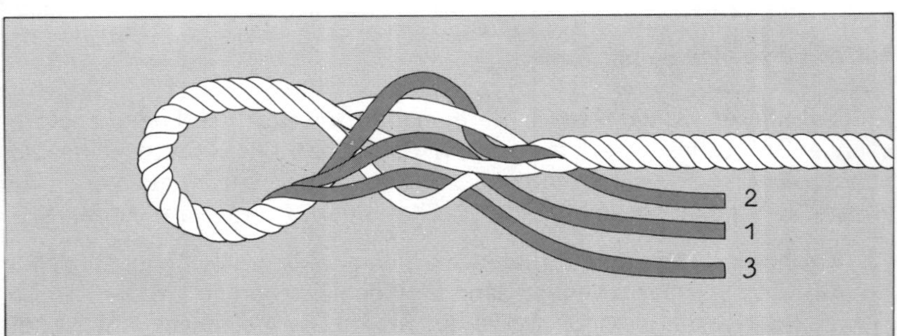

Abb. 14

(1) Lege das Auge, wie beim Augspleiß [Ziff. 4a (1)] beschrieben, und stelle es hochkant. Dann unterfahre mit dem mittleren Kardeel des Tampens das passende Kardeel des Endes, aber nicht gegen den Schlag, wie beim Augspleiß, sondern *mit dem Schlag,* also bei rechts geschlagenem Tauwerk auf dich zu. Tue dasselbe mit den anderen Kardeelen des Tampens, wobei du aus der Keepe herausfahren mußt, in die du mit dem vorhergehenden Kardeel hineingefahren bist.

Kontrolliere! Aus jeder Keepe des Endes muß *ein* Kardeel herausfahren!

(2) Jetzt stecke die Kardeele nicht wie beim Augspleiß über die nächste und unter das übernächste Kardeel des Endes, sondern *törne* jedes Kardeel *einmal* um das Kardeel des Endes, das es gerade unterfahren hat, und hole es fest *in Richtung des Endes,* so daß es sich willig in die Keepe fügt.

Kontrolliere! Aus jeder Keep muß *ein* Kardeel herausfahren!

(3) Törne jedes Kardeel nochmals um das Kardeel, um das du es schon getörnt hast, kontrolliere dann und wiederhole dasselbe noch dreimal; bei den letzten drei Törns *verjüngst* du die Kardeele [siehe Ziff. 4a (5)].

7. Der Kurzspleiß (Abb. 15)

Verwendung: Verbinden zweier gleicher Enden, vor allem der beiden Teile eines gebrochenen Endes, wenn die Spleißstelle nicht durch Blöcke oder Leitaugen fahren muß; andernfalls ist der Kurzspleiß nicht zu verwenden, da er das Ende erheblich verdickt.

(1) Drehe beide Tampen je 6 Törns auf und setze auf jeden Tampen an der Stelle, bis zu der du aufgedreht hast, einen Behelfstakling (Ziff. 3); die Törns müssen in den Kardeelen bleiben.

Stecke die beiden Tampen so gegeneinander, daß je 1 Kardeel des einen zwischen 2 Kardeele des anderen Tampens zu liegen kommt.

Nimm ein Kardeel des linken Tampens und schlage (bei rechts geschlagenem Tauwerk!) um das *hinter* ihm liegende Kardeel des rechten Tampens einen *Überhandknoten* (wie ein halber Schlag, jedoch gehören die Tampen, die miteinander verschlungen werden, nicht zu demselben Ende). [Siehe Abb. 15 (1)].

Der Überhandknoten

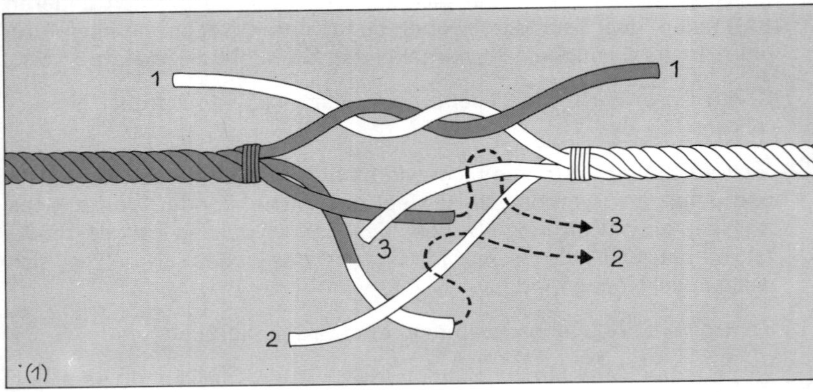

Abb. 15 (1)

Kontrolliere! Die Kardeeltampen müssen parallel zum Schlag des Endes aus dem Knoten fahren! Tun sie es nicht, so hast du die Kardeele verwechselt und mußt den Fehler korrigieren, bevor du weiter arbeitest.

(2) Schlage mit den anderen Kardeelpaaren ebenfalls je einen Überhandknoten; kontrolliere diese nach (1) und hole die Kardeele sinnig dicht, indem du die Überhandknoten reihum jeweils *einen* Pull steifholst, bis die Taklinge nicht mehr näher aneinander zu bringen sind. Entferne die Taklinge und hole die Kardeele in jedem Überhandknoten paarweise nochmals sinnig nach, bis zwischen den beiden Tampen keine Lücke mehr sichtbar ist und die Überhandknoten starr sind.

(3) Streife die Törns aus den heraussteheden Kardeelen (nicht bei synthetischem Gut!) und verspleiße zuerst alle Kardeele des einen Tampens, dann die des anderen; bei dem ersten Durchstecken muß jedes Kardeel zuerst über das Kardeel fahren, mit dem es den Überhandknoten geschlagen hat.

8. Der Langspleiß (Abb. 16)

Verwendung: Verbinden zweier gleicher Enden, vor allem der beiden Teile eines gebrochenen Endes ohne Verdickung der Spleißstelle.

a) Im Trossenschlag (dreikardeelig)

(1) Drehe beide Tampen *vorsichtig* 12 Törns auf und achte, daß die Törns in den Kardeelen erhalten bleiben.
Stoß die Tampen mit den aufgedrehten Kardeelen so gegeneinander, daß je ein Kardeel des einen Tampens zwischen zwei Kardeele des anderen Tampens zu liegen kommt. Lege die so zusammengesteckten Enden quer vor dich auf die Knie und lege jedes Kardeel des linken Tampens (bei rechtsgeschlagenem Tauwerk) mit dem *hinter*

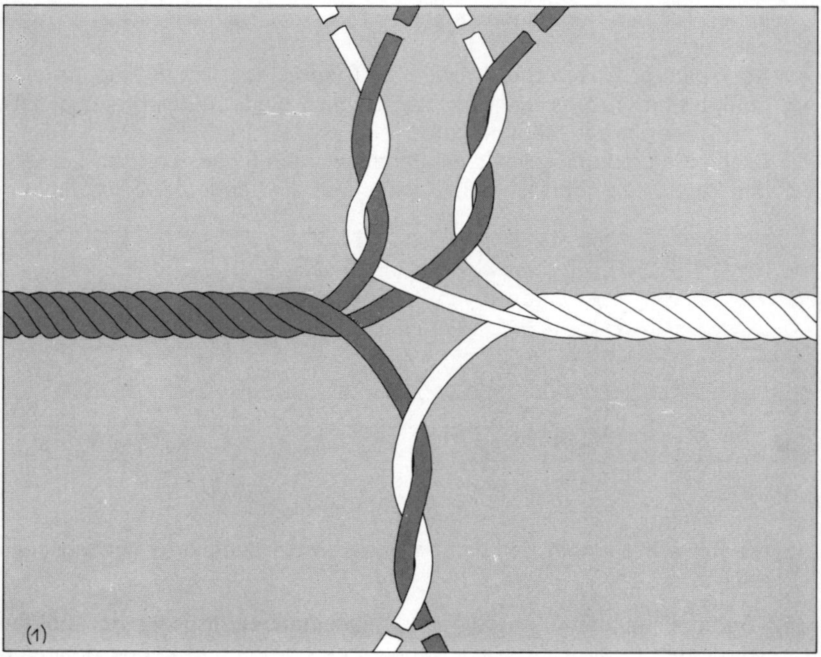

Abb. 16 (1)

ihm, also dem von dir wegliegenden Kardeel des rechten Tampens lose zusammen. Die Kardeele müssen sich mit ihren Törns *willig* ineinanderlegen, andernfalls hast du die Kardeele durcheinandergebracht und mußt vor dem Weiterarbeiten den Fehler korrigieren.

(2) Drehe ein Kardeelpaar wieder auseinander und drehe das Kardeel des linken Tampens 2 weitere Törns aus dem Ende, schiebe die beiden Tampen des Endes so dicht aneinander, daß sie genau anstehen, und lege das freie Kardeel des rechten Tampens 2 Törns in die Spur des herausgenommenen Kardeels des linken Tampens, wobei du das rechte Kardeel bei jedem Schlag einen halben Törn eindrehen mußt, damit sich seine Kabelgarne dicht schließen und das Kardeel sich *genau* in die Spur des linken Kardeels einfügt. Fahre so fort, bis 9 Törns des linken Kardeels durch das rechte Kardeel ersetzt sind. Du erleichterst dir das Arbeiten, wenn du immer nach 2 aus dem linken Tampen herausgenommenen Törns das rechte Kardeel 2 Törns nachlegst.
Kontrolliere! Das rechte Kardeel muß so in den linken Tampen eingefügt sein, daß es nicht als nachträglich eingedreht erkennbar ist! Korrigiere Unregelmäßigkeiten!
Drehe die beiden Kardeele wieder zusammen (linkes Kardeel vorne!) und kappe das überstehende Kardeel auf die Länge des kürzeren.

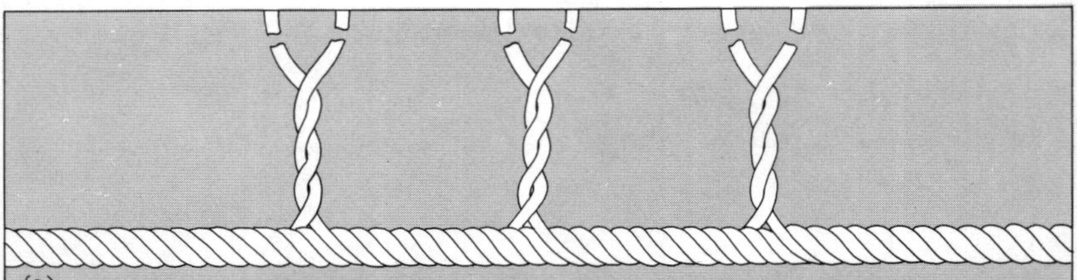

Abb. 16 (3)

(3) Verfahre mit einem der beiden anderen Kardeelpaare ebenso nach rechts.

(4) Drehe eines der 3 Kardeelpaare auseinander, drüsele aus beiden Kardeelen je die *Hälfte* der Kabelgarne heraus und kappe diejenige Hälfte der Kabelgarne, die *unten in der Keepe* liegt, wenn sich die

Kardeelreste kreuzen, damit die gekappten Kabelgarne beim nachfolgenden Verspleißen bedeckt sind.

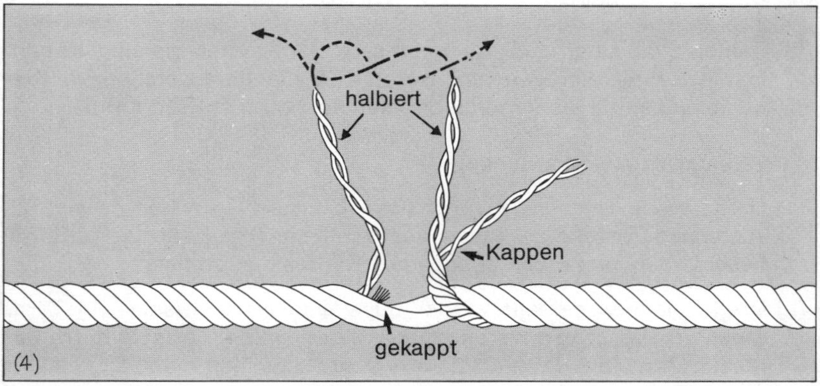

Abb. 16 (4)

Schlage mit den Kardeelresten einen *Überhandknoten* (linkes Kardeel vorne!), der die gekappten Kabelgarne bedecken und die Keepe pressen soll.
Kontrolliere! Die Tampen der Kardeele müssen in Richtung des

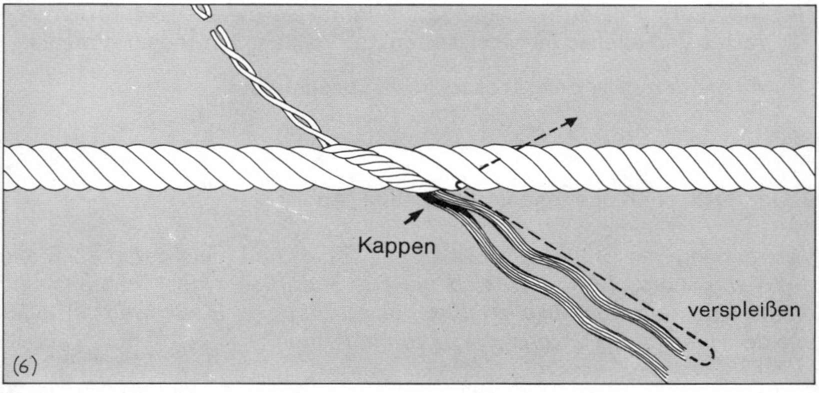

Abb. 16 (6)

Schlags aus dem Knoten fahren, andernfalls hast du den Überhandknoten mit dem falschen Kardeel vorne geschlagen.

(5) Verfahre ebenso mit den beiden anderen Kardeelpaaren.

(6) Beklopfe die Überhandknoten mit dem Marlspieker, bis sie sich ganz in die Keepe einfügen, und verspleiße die herausstehenden Kardeele, indem du sie *verjüngt* dreimal durchsteckst [Ziff. 4 (5)].

b) Im Wantschlag (vierkardeelig)

(1) Drehe beide Tampen 18 Törns (im Trossenschlag waren es nur 12!) auseinander, stoße sie zusammen, wie beim Trossenschlag (Ziff. 8a) beschrieben, und drehe ebenso je 2 Kardeele zusammen.

(2) Drehe ein Kardeelpaar wieder auseinander und ersetze 14 Törns (beim Trossenschlag waren es nur 9) des linken Kardeels durch das rechte. Drehe die Kardeele dann wieder zusammen.
Achte, daß du mit dem rechten Kardeel in die richtige Spur fährst! Folge dem linken Kardeel mit dem rechten Törn um Törn! Hast du die 14 Törns des linken Kardeels durch das rechte ersetzt, so müssen beide Kardeele wieder zusammen.

(3) Löse das nächste Kardeelpaar und verfahre genauso 5 Törns nach links.

(4) Mit dem nächsten Kardeelpaar verfährst du genauso 14 Törns nach rechts und ebenso mit dem letzten Kardeelpaar 5 Törns nach rechts.

(5) Alles übrige wie beim Trossenschlag beschrieben.

9. Der Rückspleiß oder spanische Takling (Abb. 17)

Verwendung: An Stelle eines Taklings (Ziff. 1) und gleichzeitig an Stelle des Achtknotens (Ziff. 56), also um das Aufdrüseln des Tampens und gleichzeitig sein Ausrauschen durch einen Block (z. B. Schwertfall) oder aus der Hand (z. B. Pützenstert) zu verhindern.

(1) Drehe den Tampen 5 Törns auf, streife die Törns aus den Kardeelen (nicht bei synthetischem Gut!) und stecke eine *Hahnenpfote:*

(2) *Die Hahnenpfote*

a) Erfasse den Tampen mit Daumen, Zeige- und Mittelfinger der linken Hand an der Stelle, bis zu der du ihn aufgedreht hast und bekneife hierbei die aufgedrehten Kardeele oben; dann verteile die Kardeele gleichmäßig auf alle Seiten der linken Hand.

b) Lege das dir zunächstliegende Kardeel *entgegen dem Uhrzeigersinn* zu einer *waagerechten* Bucht und bekneife es mit dem Zeigefinger der linken Hand.

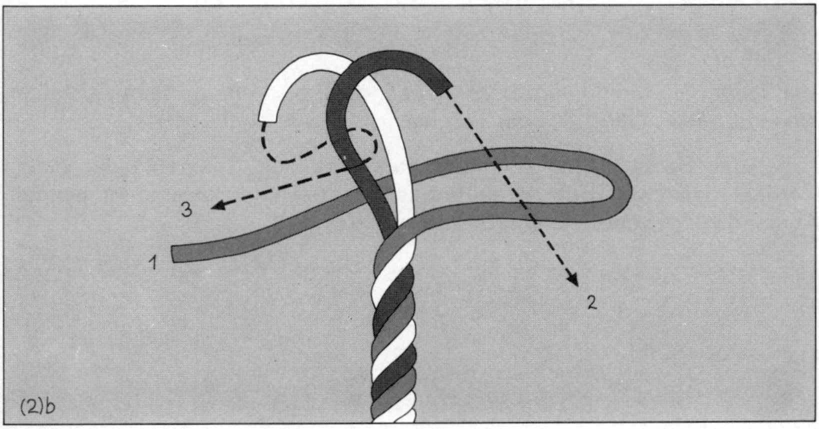

Abb. 17 (2) b

c) Stecke den Tampen des links von diesem Kardeel 1 liegenden Kardeels 2 *von oben nach unten* durch die waagerechte Bucht des Kardeels 1, aber nur soweit, daß Kardeel 2 vor seinem Eintritt in die Bucht des Kardeels 1 selbst noch eine entsprechende Bucht behält.

d) In diese Bucht des Kardeels 2 steckst du ebenso das Kardeel 3, und in die Bucht des Kardeels 3 den Tampen von Kardeel 1, den du bis jetzt bekniffen hattest.

Bei vierkardeeligen Tampen verfährst du genauso; es ergibt sich lediglich eine weitere Bucht und ein weiteres Durchstecken.

e) Hole die Kardeele reihum und Pull für Pull vorsichtig durch, bis sich oben auf dem Tampen ein Knoten, die Hahnenpfote, gebildet hat, aus dem die Kardeele nach unten herausfahren.
Kontrolliere! Zwischen je 2 Parten der Hahnenpfote muß je 1 Kardeeltampen herausfahren!

f) Verspleiße die Kardeele *verjüngt [Ziff. 4 (5)].*

10. Der Augspleiß in Takelgarn und Bändselgut (Abb. 18)

(1) Behelfsauge

Verwendung: Herstellung eines Auges, z. B. als Anfang beim Aufsetzen eines Bändsels (Ziff. 19) oder dergleichen.

Lege eine Bucht in das Garn und fahre mit dem Tampen unter einem Kardeel des zwei- oder dreidrähtigen Gutes hindurch und in einigem Abstand wieder unter einem Kardeel zurück.

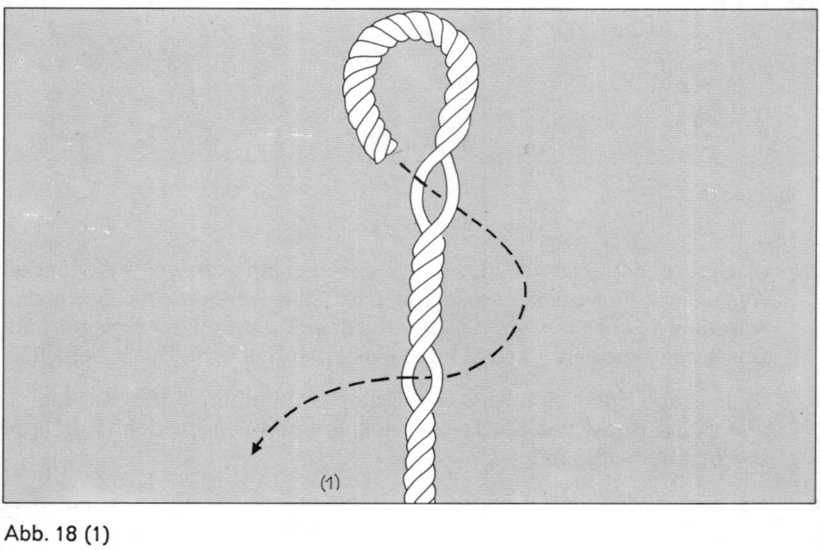

Abb. 18 (1)

(2) Festes Auge

Verwendung: Einspleißen von Bändseln in die Gattchen der Persenning oder dergleichen.

Fahre mit dem abgepaßten und getakelten Tampen durch das Gattchen, so daß beide Parten gleich lang sind. Stecke die eine Part unter einem Kardeel der anderen Part hindurch, und dann stecke diese andere Part

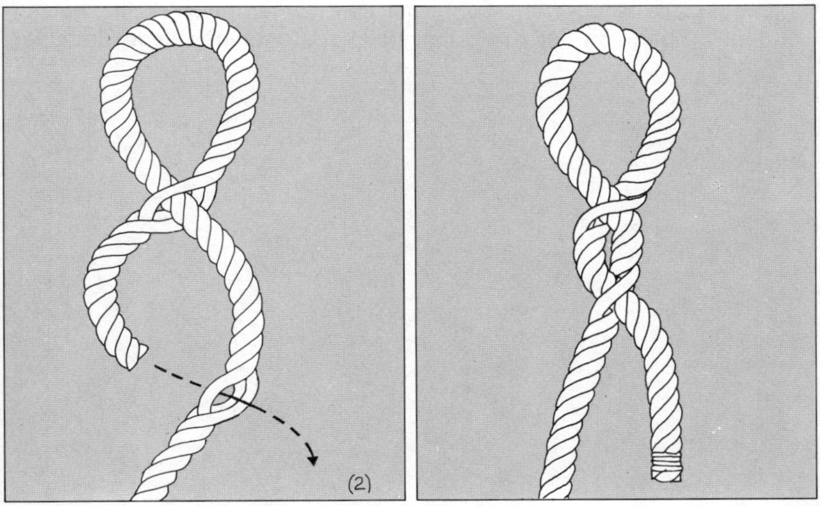

Abb. 18 (2)

unter einem Kardeel der ersten Part hindurch. Hole die beiden Durchsteckstellen dicht zusammen.

11. **Der Grummetstropp** (Abb. 19)

Verwendung: Stropp (endloser Ring aus Tauwerk) als Einfassung von Gattchen im Segel an Stelle von Metallösen; als Stropp am Großbaum zum Anstecken der Halstalje usw.

(1) Drehe aus einem Ende 1 Kardeel vollkommen heraus und achte, daß in dem Kardeel die Törns erhalten bleiben. Das Kardeel muß etwa 5mal so lang sein, wie der gewünschte Umfang des Stropps, also etwa 15mal so lang, wie der Durchmesser des Stropps sein soll.

(2) Lege mit diesem Kardeel (bei rechtsgeschlagenem Tauwerk) im Sinne des Uhrzeigers einen Ring von der gewünschten Größe, wobei der nach links zeigende Anfangstampen etwa 15 cm über die Kreuzungsstelle hinaussteht. Fahre mit dem langen, nach rechts weisenden Tampen von der Kreuzungsstelle aus entgegen dem Uhrzeiger-

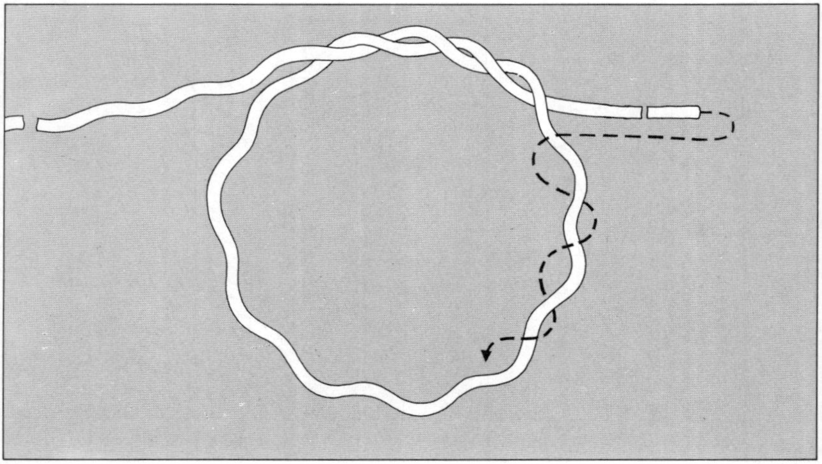

Abb. 19

sinn so um das Kardeel herum, daß sich genau Törn in Törn legt, und drehe den Tampen bei jedem Umfahren einen halben Törn ein, so daß die Kabelgarne fest geschlossen sind und die Kardeele sich gut ineinander fügen.

(3) Bist du an der Ausgangsstelle angekommen, so wiederhole dasselbe noch einmal und achte an der Kreuzungsstelle darauf, daß du in der richtigen Keepe weiterfährst: du mußt *hinter* dem kurzen linken Tampen weiterfahren, so daß dieser frei in seiner Keepe liegt und die Kardeele sich nicht kreuzen.

(4) Kommst du wieder am Ausgangspunkt an, so müssen sich die beiden Tampen in derselben Keepe begegnen, andernfalls hast du einen Fehler gemacht und mußt noch einmal von vorne anfangen.
(5) Halbiere die Tampen und verspleiße sie, wie beim Langspleiß [siehe Ziff. 8a (4)] beschrieben.

12. Das Legel (Abb. 20)

Verwendung: Auge an zwei Gattchen eines Segels zur Aufnahme einer Ringkausch; auch als Handgriff an der Seekiste und ähnlich zu verwenden.
(1) Nimm ein Ende von der 6fachen Länge des gewünschten Legels und drehe ein Kardeel heraus, wobei die Törns erhalten bleiben müssen.

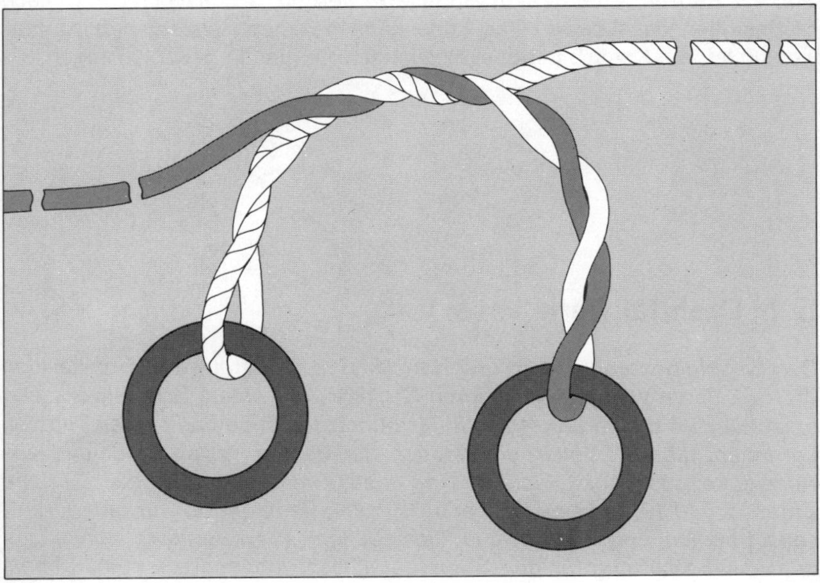

Abb. 20

Schere das Kardeel so durch beide Gattchen oder Ringschrauben, daß die Bucht zwischen ihnen die gewünschte Größe hat, und daß beide Tampen gleich lang aus den Gattchen fahren.

(2) Fahre mit jedem Gattchen so um die Buchtpart des Kardeels, daß sich Törn in Törn legt, und drehe den Tampen bei jedem Törn einen halben Schlag ein, damit sich die Kabelgarne fest schließen.

(3) Bist du mit jedem Tampen am Auge des entgegengesetzten Legelendes angekommen, so törne weiter um die Part, die durch das Gattchen fährt (hier fahren jetzt nur 2 Kardeele!).

(4) Kommst du an der Spitze des Auges an, so fahre mit dem Tampen über das ihm zunächstliegende Kardeel und stecke ihn unter seiner eigenen Legelpart durch.

(5) Verspleiße die Tampen verjüngt [Ziff. 8 a (4)].

Soll ein *Kausch* in das Legel eingesetzt werden, so geschieht dies *nach* Fertigstellen des Legels. Das Legel muß so knapp sitzen, daß es notwendig ist, die Kausch mit dem Holzhammer in das Legel zu schlagen.

B. In Drahttauwerk

Das Einspleißen von Augen und Kauschen in Drahttauwerk wird bei den Werften heute weitgehendst durch Schlagen mit einem Spezialwerkzeug ersetzt. Es wird eine Leichtmetallhülse über das Ende und seinen Tampen getrieben, die sich tief in die Keepen der beiden Parten preßt und das Auge zuverlässig hält. „Fleischhaken" und „Smarten und Kleeden" (siehe Ziffer 15 und 16!) gibt es hierbei nicht mehr. Es ist jedoch für jede Drahtseilstärke ein gesonderter und nicht billiger Werkzeugsatz notwendig, dessen Anschaffung für den Sportsegler nicht lohnend erscheinen kann. Zudem kann an Bord eines Sportbootes mit diesem Werkzeug nicht gearbeitet werden: Es wird mit einem 5pfündigen Hammer geschlagen, und die Unterlage muß hart und nichtfedernd sein, eine Arbeitsweise, die kein Sportboot aushalten würde. Für den Sportsegler ist der Drahtspleiß also nicht überflüssig geworden!

13. Der Augspleiß (Abb. 21)

(1) Setze in etwa 10 cm Entfernung vom Tampen einen Behelfstakling auf das Ende und einen ebensolchen, aber *sehr sicheren* Behelfstakling in einer Entfernung von etwa 30 cm vom Tampen. Du hast jetzt 3 Taklinge auf dem Ende: Den Takling, durch den das Ende von vorneherein gegen Aufspringen gesichert war, einen zweiten in 10 cm Entfernung vom Tampen und einen solchen in einer Entfernung von 30 cm.

(2) Schneide den Takling, durch den der Tampen von vorneherein gegen Aufspringen gesichert war, auf, so daß der Tampen bis zum zweiten Takling aufspringt. Setze auf jedes der 6 Kardeele einen *sehr sicheren* Behelfstakling und schneide den nächsten Takling (10 cm vom Tampen) ebenfalls auf, wonach der Tampen bis zum letzten Takling auseinanderspringt.
Kappe die freigewordene Seele dicht beim Takling.

(3) Bei dem jetzt beginnenden Spleißen ist größte Vorsicht anzuwenden: An den Drahtspitzen der Kardeele kannst du dir sehr lästige Risse an den Händen holen, und der Marlspieker fährt, wenn er abslippen sollte, mit Sicherheit in deine linke Hand. Der *Marlspieker* soll sehr kräftig sein: Am besten spleißt man Draht mit einem Marlspieker, der eine tiefe Rinne in der Klinge hat. Hast du öfters Draht zu splei-

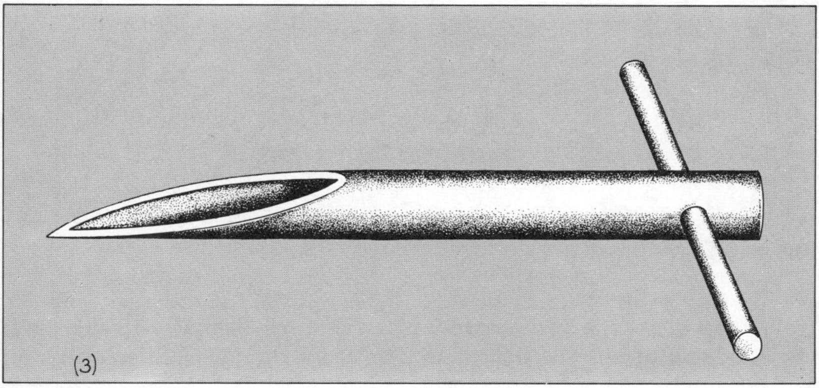

Abb. 21 (3)

ßen, so lasse dir vom Schlosser ein Röhrchen mit 6—7 mm lichter Weite und etwa 15 cm Länge schneiden, dessen eines Ende in einem Winkel von etwa 10° abgeschrägt, und in dessen anderes Ende ein Querstab als Handgriff eingesetzt ist. Dieses Instrument benütze als Marlspieker.

(4) Lege das Auge in der gewünschten Größe und stelle es hochkant, wobei 3 Kardeele vor und 3 Kardeele hinter das Ende zu liegen kommen. Zunächst wird das *innere* der *vor* dem Ende liegenden Kardeele durchgesteckt, und zwar *mit dem* Schlag.
Hierzu fährst du mit dem Marlspieker *gegen* den Schlag unter das passende Kardeel und schiebst den Kardeeltampen von der entgegengesetzten Seite, also mit dem Schlag in die Rille des Marlspiekers.

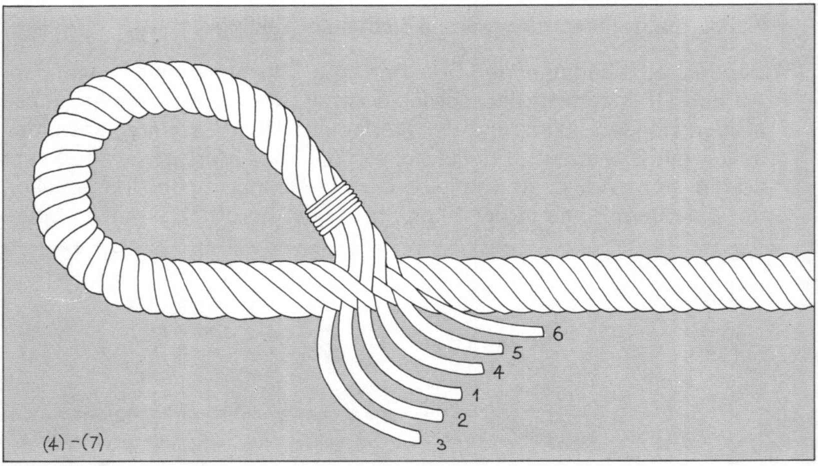

Abb. 21 (4)—(7)

(5) Drehe das Auge von dir weg, unterfahre mit dem Marlspieker *zwei* Kardeele gegen den Schlag, und zwar so, daß der Marlspieker wieder in der Keepe herauskommt, in die das erste Kardeel hineinfährt, und stecke das *mittlere* der *vor* dem Ende liegenden Kardeele durch.

(6) Fahre nochmals mit dem Marlspieker, diesmal unter *drei* Kardeelen hindurch, gegen den Schlag zu der Keepe, in die die beiden Kardeele 1 und 2 hineinfahren, und stecke das *vordere* der *vor* dem Ende liegenden Kardeele durch.

(7) Drehe das Ende wieder auf dich zu und stecke das vordere der hinter dem Ende liegenden Kardeele *mit* dem Schlag so unter *einem* Kardeel hindurch, daß es aus der Keepe fährt, in die schon drei Kardeele hineinfahren.

Dann steckst du das mittlere der hinter dem Ende liegenden Kardeele unter dem nächsten Kardeel des Tampens hindurch, ebenfalls mit dem Schlag und so, daß es aus der Keepe fährt, in die das vordere Kardeel hineingefahren ist.

Ebenso verfährst du mit dem hinteren Kardeel; dieses fährt also aus der Keepe, in die das mittlere Kardeel hineingefahren ist.

Achte! Beim Einstecken des Marlspiekers darf die *Seele* des Endes nicht verletzt werden! Achte, daß du klar von ihr bleibst!

(8) Nimm eine Flachzange und hole die Kardeele *in Richtung des Endes* sinnig steif. Achte, daß du mit der Zange nicht die Taklinge von den Kardeeltampen streifst!

(9) Törne jedes Kardeel noch 4- bis 5mal um das Kardeel, unter dem es herausfährt, und verjünge es hierbei, indem du die zu entfernenden Drähte mit der Kombinationszange oder Drahtschere abzwickst.

(10) Lege den Spleiß auf eine Holzunterlage und beklopfe ihn mit dem Marlspiekergriff schräg in Richtung vom Auge zum Ende, damit sich die durchgesteckten Kardeele in dieser Richtung strecken und einfügen.

(11) Ist der Spleiß rund und glatt geworden, so wird er *gesmartet* und *gekleedet* (Ziff. 15 und 16), um die vorstehenden Drahtspitzen (Fleischhaken!) unschädlich zu machen.

14. Einspleißen einer Kausch (Abb. 22)

(1) Die Verwendung einer *Spleißzwinge* ermöglicht es, daß das Auge des Endes tatsächlich dicht um die Kausch gespleißt wird.

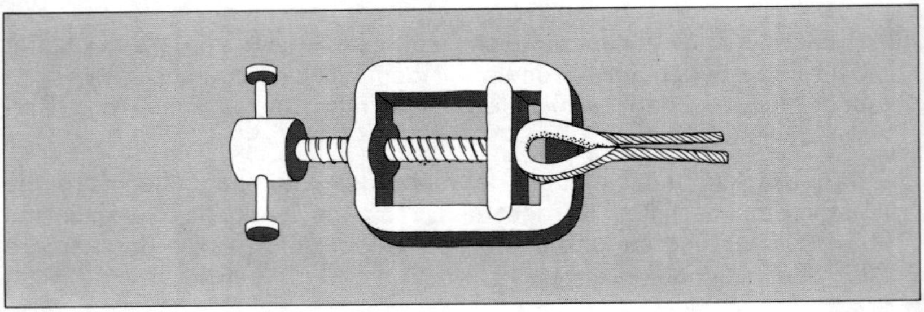

Abb. 22

Spanne den Tampen mit der Zwinge um die Kausch und achte, daß die Kausch die richtige Größe hat. Das Ende darf in der Keepe weder Luft haben, noch darf es seitlich überstehen.

(2) Im übrigen verfahre, wie unter Ziff. 13 beschrieben.

V. Das Smarten und Kleeden

Zweck: Verhindert das Eindringen von Feuchtigkeit in Drahttauwerk, wo dieses seine natürliche Dichte durch Bearbeitung (Spleißen!) verloren hat. Außerdem macht es die an dieser Stelle hervorstehenden Drahtspitzen, die der Segler nicht umsonst „Fleischhaken“ nennt, unschädlich.

15. Das Smarten (Abb. 23)

(1) Bestreiche den Spleiß oder die Schadensstelle mit Mennige. Schneide einen etwa 3 cm breiten Segeltuchstreifen schräg zum Fadenverlauf (der Schneider nennt das einen „Schrägstreifen“) und rolle ihn auf,

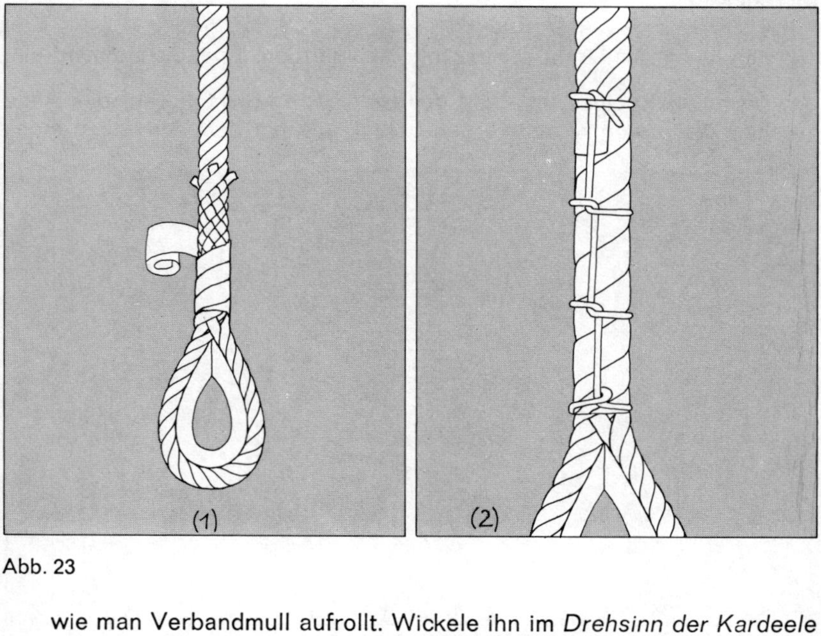

Abb. 23

wie man Verbandmull aufrollt. Wickele ihn im *Drehsinn der Kardeele* fest um die Spleißstelle und lasse die einzelnen Törns etwas über-

lappen. *Überlege dir vorher,* wie das gespleißte Ende im Gebrauch stehen wird, also ob es sich bei dem Spleiß um ein oberes oder ein unteres Auge handelt! Smarte so, daß die einzelnen Törns der Smarting sich immer *von oben nach unten* überlappen und somit von oben kommendes Wasser abweisen, anstatt es in die Smarting zu leiten. Bei einem *oberen* Auge beginne mit dem Smarten am Ende des Spleißes, bei einem *unteren* am Auge.
Achte, daß sich keine Drahtspitzen durch die Smarting bohren!

(2) *Marle* die Smarting mit Takelgarn (Ziff. 18). Zum Festsetzen des Anfangs spleiße ein Auge in das Takelgarn (Ziff. 10). Bestreiche das ganze mit farblosem Bootslack.

16. Das Kleeden

Kleeden heißt, das Drahttauwerk mit Takelgarn dicht bei dicht umwickeln.

(1) (Abb. 24) Beginne am Ende des Spleißes in Richtung auf das Auge hin. Die ersten Törns werden gelegt, wie bei dem Aufsetzen eines

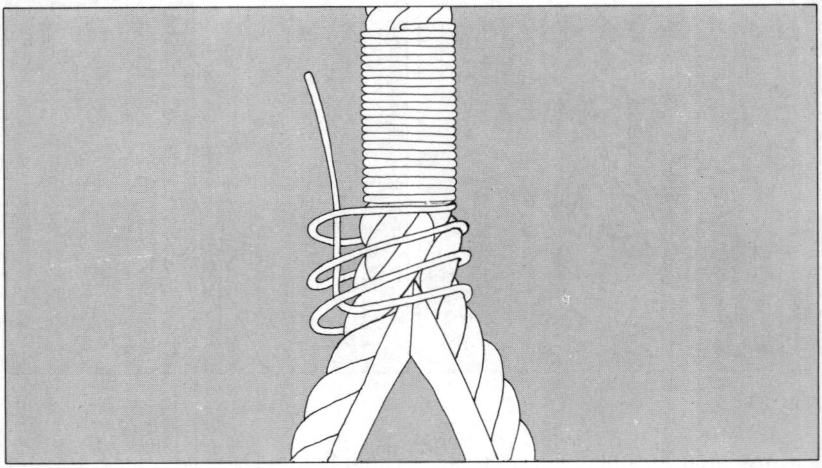

Abb. 24

Taklings beschrieben (Ziff. 1), und zwar entgegen dem Drehsinn der Kardeele. Lege die Törns dicht bei dicht und hole von Anfang an jeden Törn so steif, wie es die Bruchfestigkeit des Takelgarns erlaubt; nötigenfalls benütze zum Steifholen den Marlspieker (Marlspiekerschlag Ziff 58!). Die letzten 4—5 Törns lege lose um die Smarting und fahre mit dem Tampen des Kleedgarns entgegen der Kleedrichtung durch die losen Törns zurück. Hole die losen Törns einen nach dem anderen so steif wie möglich, und dann ebenso den Tampen des Kleedgarns.
Bestreiche nochmals das Ganze mit farblosem Bootslack.

(2) Bei stärkeren Enden benütze die *Kleedkeule:*

a) Setze das fertiggesmartete Auge in Hüfthöhe fest (z. B. indem du es auf einen Haken steckst) und befestige den Tampen oder einen Teil des Endes ebenfalls in Hüfthöhe so, daß das Ende gut gestreckt ist.

b) Lege mit dem Kleedgarn die ersten Törns, wie unter Ziff. (1) beschrieben, dann setze die Kleedkeule auf die Smarting. Fahre mit dem Kleedgarn 2 Rundtörns um Kleedkeule und Ende (Abb. 25), wobei der Stiel der Kleedkeule zwischen die beiden Törns zu stehen kommt, dann lege noch einen Rundtörn um den Keulenstiel und bekneife ihn mit der Hand auf dem Stiel.

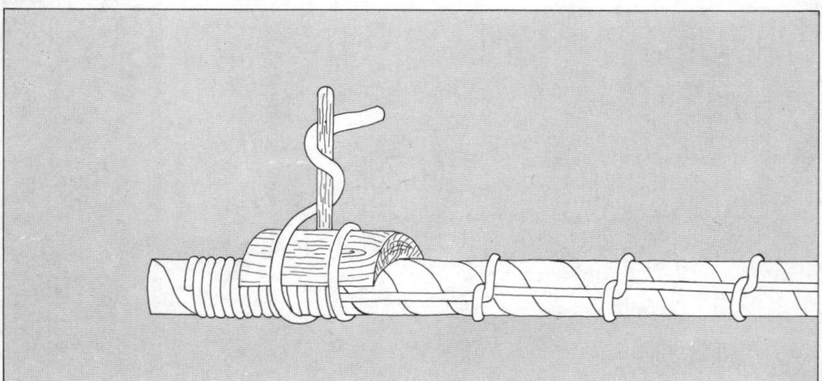

Abb. 25

c) Nun übernimmt dein Maker den Knäuel Kleedgarn und du selbst drehst die Kleedkeule um das Ende, wobei du das bekniffene Kleedgarn sinnig durchslippen läßt; bei zu starkem Bekneifen bricht das Garn, denn du arbeitest ja mit einem Hebel! Bei dem Drehen der Kleedkeule muß sich das Garn dicht bei dicht und gut steifgeholt um das Ende legen. Bei jedem Törn fährt dein Maker mit dem Garnknäuel ebenfalls um das Ende, so daß das Garn klarbleibt. Gibt das Ende zu stark nach, um ein sauberes Arbeiten zu ermöglichen, so strecke es, indem du dich mit der Hüfte dagegen lehnst.

d) Kommst du schließlich mit der Kleedkeule so nahe an das Auge, daß ihr Vorschub behindert wird, so nimmst du, während dein Maker die letzten Törns des Kleedgarns auf dem Ende bekneift, das um die Keule getörnte Kleedgarn ab und fährst mit ihm durch die Kerbe an der Vorderkante der Keule um deren Stiel (Abb. 26) und weiter um Keule und Ende; es folgt wieder ein Törn um den Keulenstiel, den du bekneifst.

e) Dann kleedest du weiter wie beschrieben. Ist die ganze Smarting gekleedet, so kappst du das Kleedgarn und belegst es nach Ziff. (1), wonach du die ganze Kleedung mit farblosem Bootslack überstreichst.

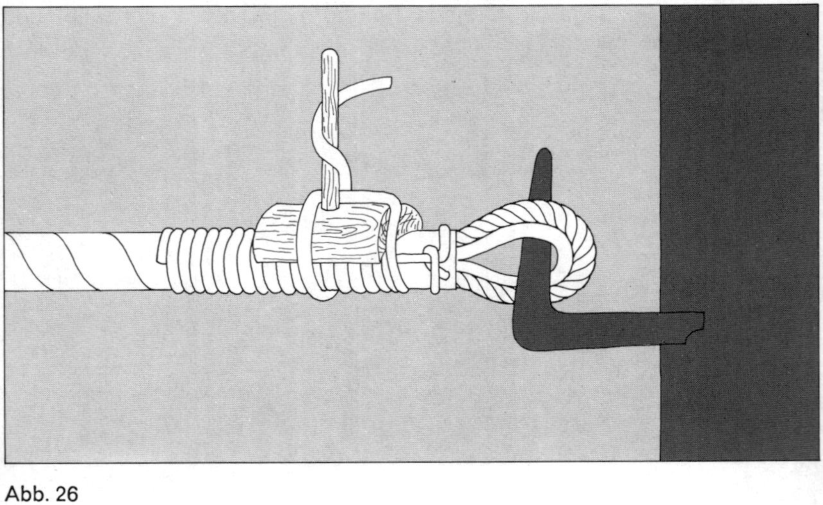

Abb. 26

VI. Bändsel und Leinen

17. Das Nockbändsel (Abb. 27)

Verwendung: Ausholen und Festsetzen des Lieks an der Spierennock. Das Nockbändsel ist entweder in das Liektau eingespleißt oder mit einem Augspleiß im letzten Gattchen des Segels angesteckt.

(1) Fahre durch die Bohrung der Spiere oder das Auge des Spierenbeschlags und lege eine genügende Anzahl Rundtörns um die Spiere und die vom Segel kommende Part des Bändsels.
Fahre durch alle Rundtörns hindurch und lege nochmals 2 Rundtörns quer zu ihnen durch ihre Buchten. Hole die um die Spiere liegenden Rundtörns einen nach dem anderen so steif wie möglich und hole die beiden Querschläge so weit nach, daß sie klarliegen, du aber noch unter ihnen durchfahren kannst.

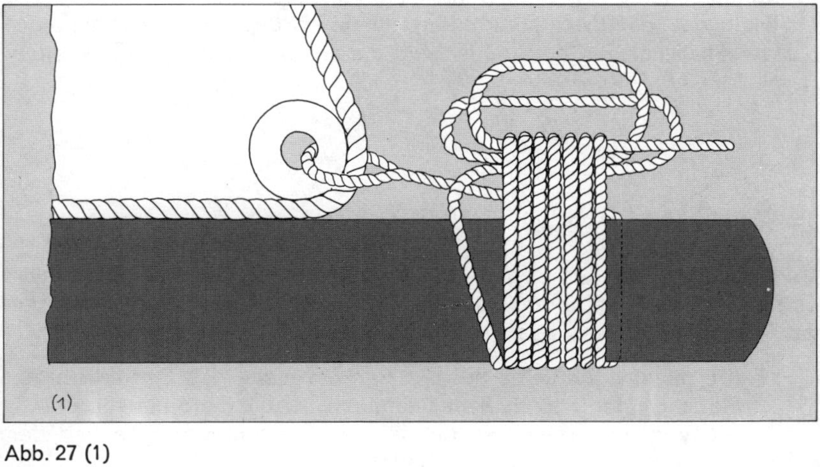

Abb. 27 (1)

(2) Fahre mit dem Tampen des Bändsels *von oben zwischen* die beiden Querschläge und in gleicher Richtung weiter unter dem einen wieder

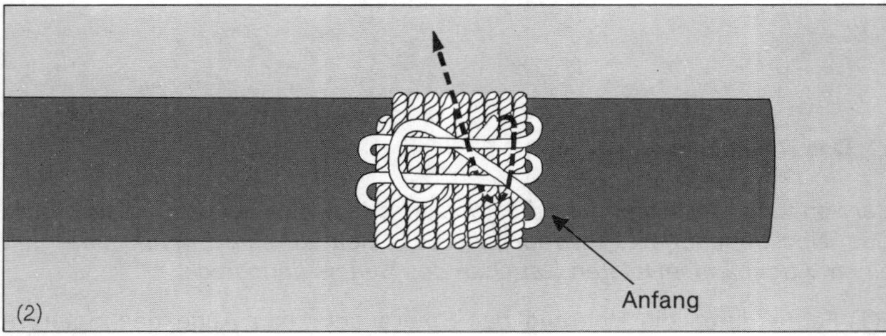

Abb. 27 (2)

heraus; fahre über beide Querschläge hinweg und unter beiden wieder zurück, worauf du nochmals über beide hinwegfährst, so daß eine 8 entsteht.
Dann unterfahre den ersten Querschlag und lasse den Tampen zwischen den Querschlägen im Schnittpunkt der 8, also *zwischen* den beiden letzten Törns des Bändsels herauskommen.
Hole das Bändsel Part für Part durch, so daß von der 8 nur noch zwei parallele Parten sichtbar sind, die den Bändseltampen bekneifen.

18. Die Marlleine (Abb. 28)

Verwendung: Fährt ein Segel nicht in den Nuten seiner Spieren, so wird es mit der Marlleine an die Spieren angemarlt. Die Marlleine ist am Hals bzw. an der Klau des Segels in das vorderste Gattchen eingespleißt.

(1) Fahre mit der Marlleine *auf der Backbordseite* des Segels bis zum 2. Gattchen, dann durch dieses hindurch und um die Spiere zurück.
Fahre *von oben zwischen* der ersten Part der Marlleine und dem Segel hindurch zum nächsten Gattchen.

Kontrolliere! Der Marlschlag ist richtig, wenn der entstandene Knoten, der nicht anders als ein Überhandknoten [Ziff. 7 (1)] ist, sich so

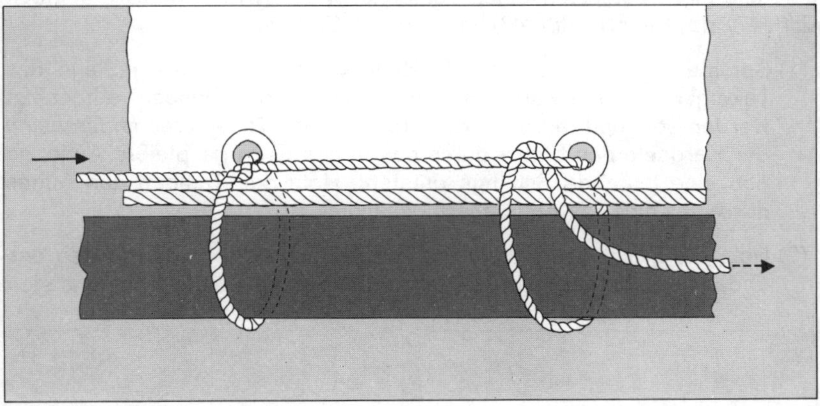

Abb. 28

bekneift, daß er auch hält, wenn du die Marlleine lose kommen läßt oder wenn sie bricht.
Fahre so fort, bis du beim letzten Gattchen angekommen bist.

(2) Beginne wieder beim zweiten Gattchen und hole die Marlleine Part für Part so steif wie möglich; recke hierbei das Liek des Segels ebenfalls so sehr wie möglich nach.
Achte! Die Marlleine muß jetzt dicht auf dem Liektau liegen und jeder Marlschlag muß genau vor seinem Gattchen stehen!

(3) Bist du wieder am letzten Gattchen angekommen, so prüfe, ob das Nockbändsel durch das Nachrecken des Lieks Lose bekommen hat; ist dies der Fall, so mußt du es neu belegen. Belege die Marlleine genauso wie unter Ziff. 17 für das Nockbändsel beschrieben. Im allgemeinen wird die Marlleine auf das Nockbändsel zu liegen kommen.

Vermeide das Marlen bei feuchtem Wetter oder gar mit nasser Leine! Bei Abnehmen der Luftfeuchtigkeit oder Trocknen der Leine würde diese erheblich länger werden (Ziff. II C 1) und losekommen; dann aber müßte das ganze Marlen nochmals wiederholt werden.

19. Das Aufsetzen eines Bändsels (Abb. 29)

Verwendung: Festsetzen eines Tampens, wie z. B. bei dem Roringstek (Ziff. 47), der Klinsch (Ziff. 48) und anderen Steken.

(1) Spleiße in das Takelgarn ein Behelfsauge [Ziff. 10 (1)], lege das Takelgarn um die Part des Endes, auf die das Bändsel aufgesetzt werden soll, und fahre mit dem Tampen des Takelgarns *im Drehsinn* der Kardeele des Endes durch das in das Garn gespleißte Auge, so daß eine laufende Schlinge entsteht. Hole den Tampen des Auges durch, bis sich das Auge geschlossen hat.

(2) Hole die Bucht des Takelgarns, die jetzt um die beiden Parten des Endes liegt, *entgegen dem Drehsinn* der Kardeele des Tampens steif

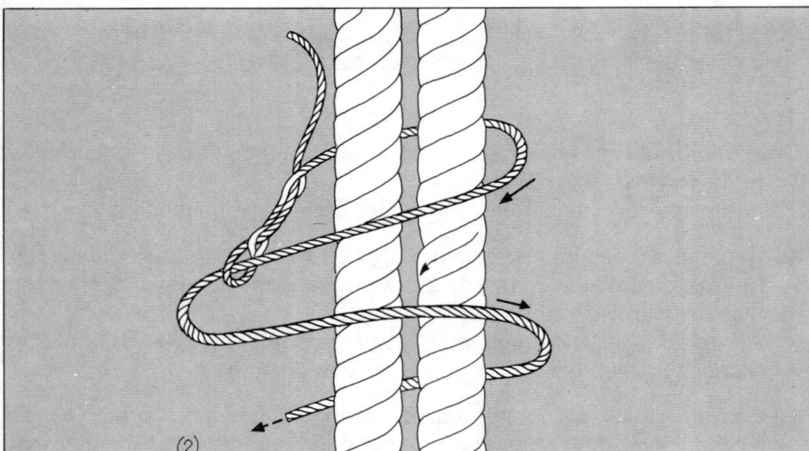

Abb. 29 (2)

und fahre in gleichem Drehsinn weiter um die beiden Parten, so daß das Takelgarn dicht bei dicht zu liegen kommt.

(3) Haben die Rundtörns die Breite erreicht, die etwa $^2/_3$ der Gesamtbreite der nebeneinanderliegenden Parten des Endes, auf die das Bändsel aufgesetzt wird, entspricht, so hole alle Törns nochmals gut

nach. Dann fahre mit dem Garn zwischen beiden Parten des Endes hindurch und zweimal rund um die zuerst gelegten Rundtörns, also quer zu diesen und parallel zu den Parten des Endes.

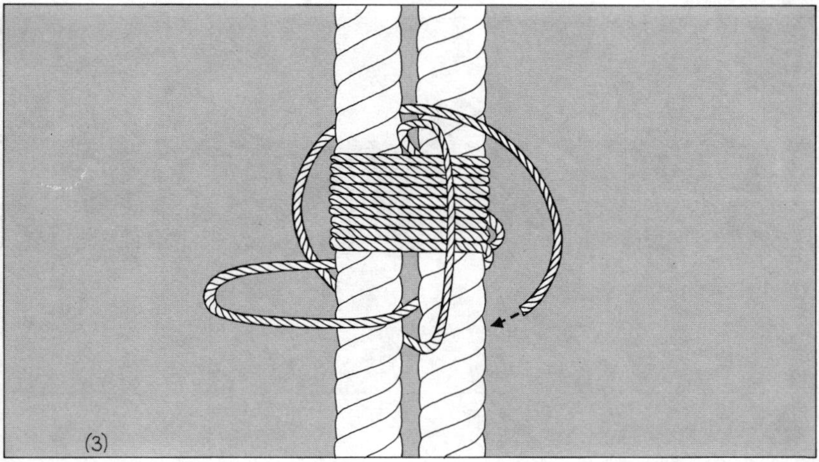

Abb. 29 (3)

(4) Nimm eine Segelnadel und setze den Tampen des Takelgarns fest, wie beim Nockbändsel [Ziff. 17 (2)] beschrieben.

20. Das Beschlagen des Großzeugs mit langem Ende (Abb. 30)

Verwendung: Bei Fehlen von Zeisingen. Der nachfolgend beschriebene Stek erspart die lästigen Rundtörns, die man andernfalls mit dem ganzen Ende um das Großzeug fahren müßte, und ermöglicht das Ausschütten des Segels durch einfaches Holen des Endes. Die Großschot nur verwenden, wenn sie trocken ist!

(1) Wird zum Beschlagen die Großschot oder Reihleine benützt, so beginne dort, wo sie angesteckt ist. Wird ein loses Ende benützt, so stecke es zuerst am Gaffelschuh an und beginne dann dort.

Fahre mit dem ganzen Ende einmal schräg um das Großzeug und stecke eine Bucht des Endes unter der Part hindurch, die jetzt oben auf dem Großzeug fährt.

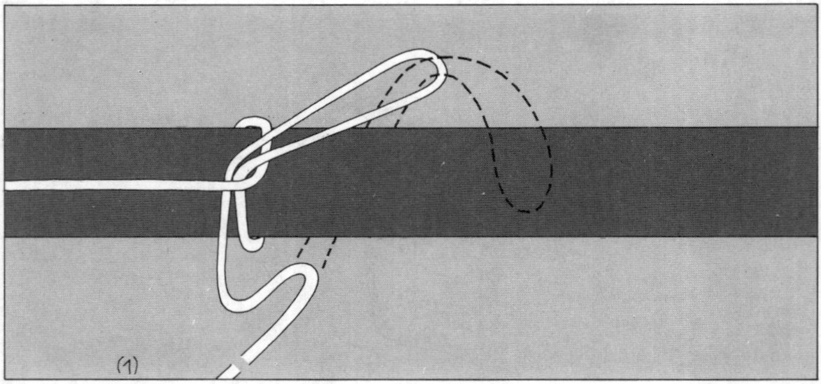

Abb. 30 (1)

(2) Hole von der losen Part des Endes eine zweite Bucht durch die erste und lege sie nach der anderen Seite schräg über das Großzeug.

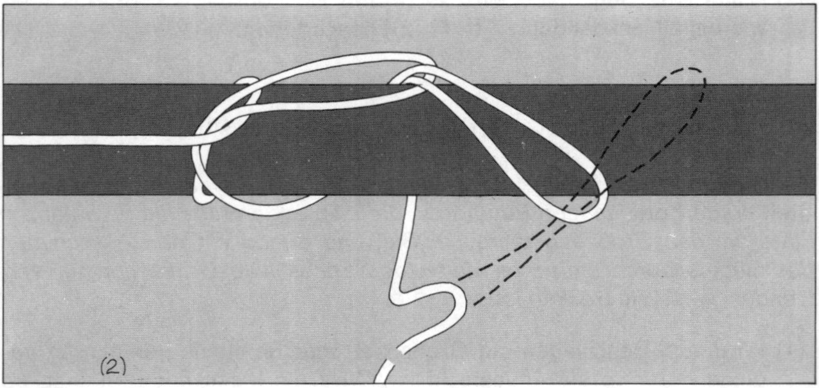

Abb. 30 (2)

(3) Wiederhole dies abwechselnd nach beiden Seiten, bis das ganze Großzeug beschlagen ist; dann belege den Tampen mit 2 halben Schlägen an einer Stelle, die den letzten Schlag gegen Zurückslippen sichert.

(4) Zum Ausschütten des Segels löse den Tampen des Endes und hole ihn Hand über Hand.

21. Die Mausing (Abb. 31)

Verwendung: Sicherung eines Hakens gegen Aushängen. Nur anwendbar, wenn die Rückseite des Hakens so gekröpft ist, daß die Mausing nicht nach unten abslippen kann.

Lege mit einem dünnen Draht Rundtörns über die Öffnung des Hakens, dann einige Rundtörns quer über diese und verstecke die Tampen des Drahtes.

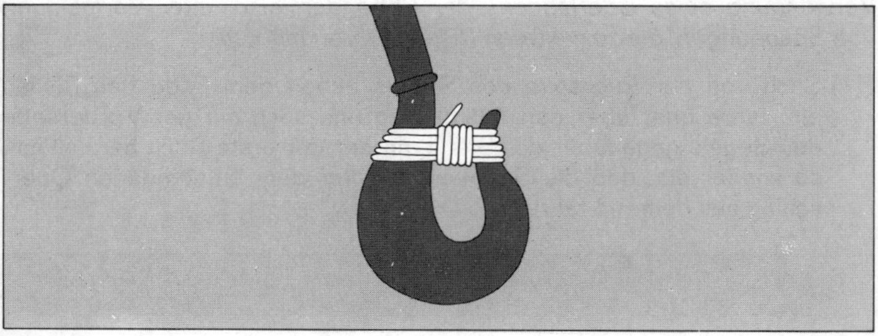

Abb. 31

Mußt du für die Mausing Takelgarn verwenden, so belege den Tampen mit einem Webeleinenstek (Ziff. 41).

VII. Das Nähen

Merke! Jedes Segelmaterial muß mit dem gleichartigen Segelgarn („Nähfaden") genäht werden! Also Makosegel mit Normalgarn, Kunststoffsegel mit Garn aus demselben Material, aus dem das Segel hergestellt ist! Andernfalls bringt das härtere Material das weichere zum Brechen!

22. Die Bootsmannsnaht (Abb. 32)

Verwendung: Provisorische Reparatur von glatten Segelrissen unter Verwendung eines Überlappens der Rißränder, also unter Vermeidung von Spannungen, die zu weiteren Rissen führen müßten.

(1) Stich von der *Rückseite* des Segels neben dem Ende des Risses ein, fahre quer über den Riß hinweg und stich auf der *Vorderseite* des Segels gegenüber der Stelle, an der der erste Stich herauskam, so wieder ein, daß die Segelnadel *hinter* dem entstandenen Querschlag aus dem Riß fährt.

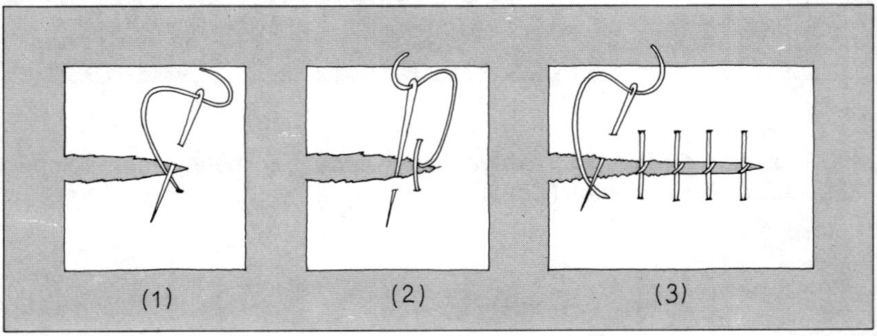

Abb. 32

(2) Fahre *über* den Querschlag hinweg, in den Riß hinein, und stich wieder von der Rückseite des Segels auf der Seite des ersten Stiches und in der gleichen Entfernung vom Riß wie dieser ein.

(3) Fahre so fort bis zum Ende des Risses und vernähe den Tampen des Segelgarns.

Achte! Hole das Segelgarn bei jedem Stich nur so steif, daß das Tuch nicht verzogen wird, sondern vollkommen ohne Spannung bleibt.
Reißt ein Segel aus leichtem Tuch (z. B. der Spinnaker) in einer Situation, die das Anbringen einer Bootsmannsnaht aus Zeitmangel (z. B. im Rennen) oder infolge der Leichtigkeit des Tuches nicht gestattet, so kann der Riß, wenn er nicht zu lang ist, *behelfsmäßig* mit breitem Leukoplast überklebt werden. Hierbei empfiehlt es sich, die gerissene Stelle des Segels glatt auf Deck zu legen und den Leukoplaststreifen eine Zeitlang mit der flachen Hand anzudrücken, so daß er angewärmt wird. Achte, daß die Kanten des Risses unter dem Leukoplast genau aneinanderstoßen!
An Land ist der Leukoplaststreifen sofort wieder abzunehmen, die Rückstände des Klebstoffes sind mit Benzin zu entfernen und das Segel ist ordentlich mit der Maschine zu reparieren.

23. Das Aufsetzen eines Patschen von Hand (Abb. 33)

Verwendung: Provisorische Reparatur von nicht glatten Rissen oder von Rissen in rottem Tuch.

(1) Schneide einen rechtwinkligen Patsch, der so groß ist, daß er auf allen Seiten erheblich über den Riß hinausreicht.
Lege die beschädigte Stelle des Segels *platt* auf Deck und hefte den Patsch mit großen Stichen so über den Riß, daß eine seiner Kanten parallel mit der nächsten Segelnaht läuft, aber keine Segelnaht überschneidet. Die Kanten des Patschen schlage vorher um (einfacher Saum).

Kontrolliere! Das Segel darf unter dem Patsch nicht zusammengezogen sein, sondern muß vollkommen flach und ohne Falten am Patsch anliegen!

(2) Nähe den Patsch mit einfacher Naht, aber mit kleinen Stichen rundum fest, wobei das Segelgarn über die Kanten des Patschen greifen muß.

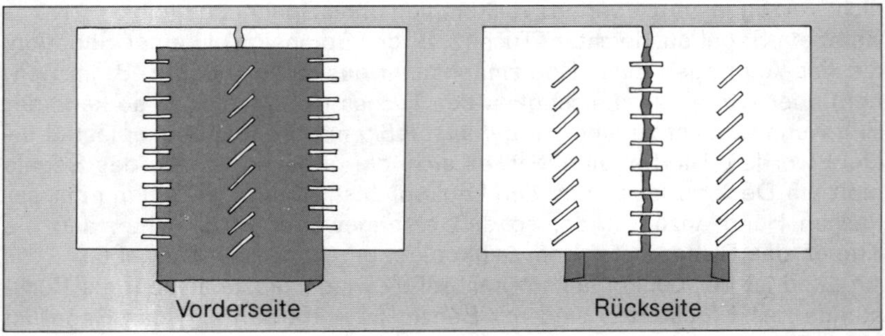

Abb. 33

(3) Nähe ebenso von der anderen Seite des Segels die Rißkanten an den Patsch.
Der Patsch und das von ihm gedeckte Tuch müssen jetzt vollkommen flach und ohne Falten aufeinanderliegen.

24. Die Maschinennaht

Verwendung: Endgültige Reparatur beschädigter Segel.

a) Die Maschine

Eine Maschine zum Segelnähen muß *Zickzackstich* nähen.
Bevor du mit dem Nähen beginnst, mache dich mit der Maschine vertraut:

Wie fährt das Garn von der Garnrolle bis zur Nadel?

Wie fährt das Garn von der Spule durch das Spulengehäuse?

Wo wird die Länge des Stiches und das Vor- und Rückwärtsnähen eingestellt?

Wo wird die Breite des Stiches eingestellt?

Wo wird die Spannung des Oberfadens reguliert?

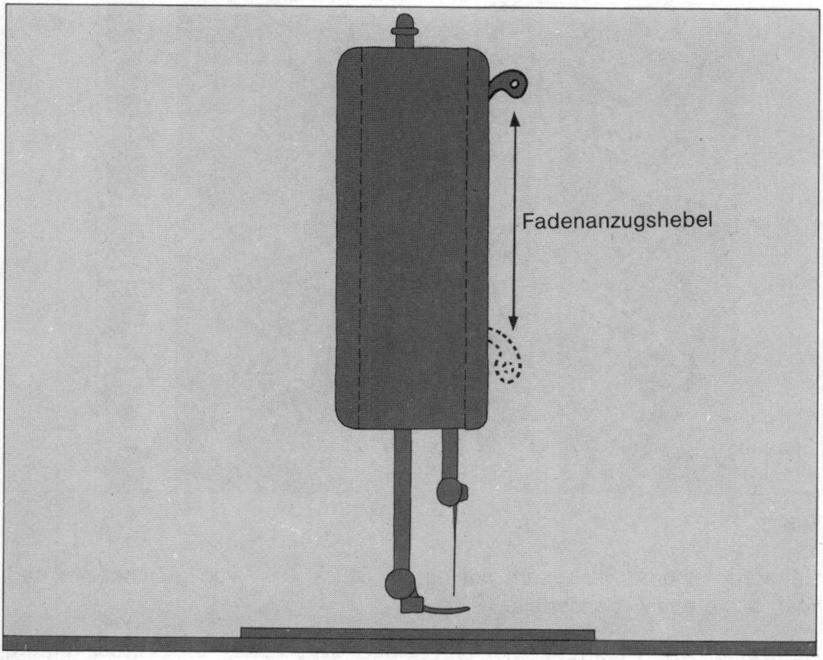

Abb. 34

Achte! Zum Einsetzen und Herausnehmen der Spule aus dem Spulengehäuse und ebenso beim Herausziehen des Unterfadens, also auch des Arbeitsstückes mitsamt Unter- und Oberfaden, müssen Nadel *und* Fadenanzugshebel (Abb. 34) auf ihrem *Höchstpunkt* stehen!
Bevor du das Arbeitsstück einlegst, hole den Unterfaden nach oben, indem du den Tampen des eingefädelten Oberfadens mit der linken Hand

festhälst und das Schwungrad der Maschine mit der rechten Hand eine volle Umdrehung auf dich zu drehst. Dann lege Ober- und Unterfaden nach hinten (von dir weg).

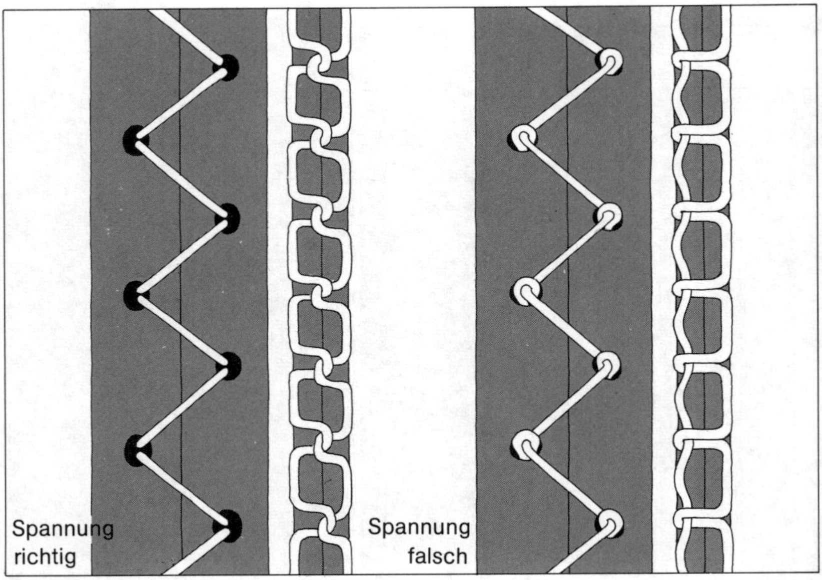

Abb. 35

Nähe zuerst eine *Probenaht* auf einem Stück Tuch von gleicher Art und Stärke wie das Arbeitsstück.

Kontrolliere den Garnlauf auf Ober- und Unterseite! Die Verschlingung des Garns muß *im Innern* des Tuches stattfinden und somit unsichtbar sein! Ist dies nicht der Fall, und ist die *Schlinge* auf der Oberseite des Tuches sichtbar, so ist die Oberspannung zu fest und muß gelockert werden (Abb. 35). Ist die Schlinge auf der Unterseite sichtbar, so ist die Spannung des Oberfadens zu lose und muß angezogen werden.

Wähle die *Länge des Stiches* nicht zu klein, sonst „nähst du das Segel ab“: Nahe zusammenliegende Stichlöcher ergeben eine Perforierung wie bei einem Bogen Briefmarken, und das Segel reißt wie dieser.

b) Reparatur kurzer glatter Risse

(1) Setze die Nadel *vor* dem Riß ein und nähe *rückwärts* 1—2 cm vom Riß weg, um den Tampen des Segelgarns festzusetzen. Bei Kunststoffsegeln nähe auf der Unterseite des Segels auf die ganze Nähstrecke einen Streifen Packpapier mit, um das Entstehen von Falten zu vermeiden, und reiße das Papier nach beendigter Reparatur wieder heraus.

(2) Nähe vorwärts wieder zum Riß hin und dann über ihn hinweg, wobei die Nadel abwechselnd links und rechts vom Riß einsticht und der Faden über den Riß hinweggeht. Halte hierbei die Rißkanten so aneinander, daß sie nicht überlappen, also daß keine Spannung im Tuch entsteht.

(3) Nähe 1—2 cm über den Riß hinaus und lasse dann das Arbeitsstück wieder einige Stiche rückwärts laufen, damit auch dieser Tampen des Segelgarns festgesetzt wird.

c) Reparatur langer Risse

Setze einen Streifen auf den Riß. Ausführung siehe nächsten Absatz „Aufsetzen eines Patschen".

d) Das Aufsetzen eines Patschen (Abb. 36)

(1) Verfahre wie unter Ziff. 23 (1) beschrieben. Der Patsch muß *sehr fest* angeheftet werden, denn der Vorschub des Arbeitsstückes erfolgt in der Maschine durch den unter dem Arbeitsstück liegenden Stoffschieber, während der von oben auf das Arbeitsstück greifende Fuß den Vorschub bremst. Ist der Patsch gar nicht oder zu lose angeheftet, so transportiert die Maschine das Segel schneller als den Patsch, und es entstehen Falten, die zu neuen Rissen führen, wenn Druck auf dem Segel steht.

(2) Setze die Nadel auf dem Patsch einige Zentimeter von einer seiner Ecken entfernt ein und nähe rückwärts bis zur Ecke, um den Tampen des Segelgarns festzusetzen. Dann nähe vorwärts um den ganzen Patsch herum, wobei die Nadel abwechselnd in den Patsch

und das Tuch greift. Mußt du das Arbeitsstück an den Patschecken um 90° drehen, so lasse hierbei *die Nadel im Patsch.*
Bei Kunststoffsegeln ist der Umschlag („Saum") des Patschen größer zu machen, als der seitliche Ausschlag der Nadel im Zickzackstich. Bei Kunststoffsegeln darf der Zickzackstich den Umschlag *nicht* verlassen, andernfalls Falten entstehen.

(3) Bist du am Ausgangspunkt angekommen, so lasse das Arbeitsstück wieder einige Stiche rückwärts laufen, um auch den zweiten Tampen des Segelgarns festzusetzen.

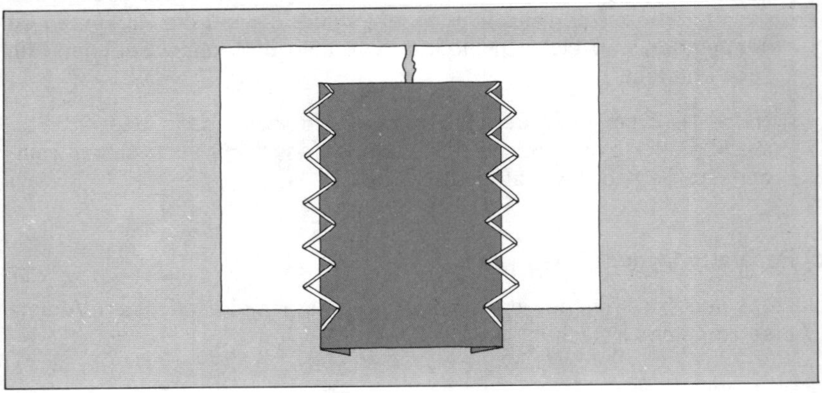

Abb. 36

(4) Drehe das ganze Arbeitsstück um und vernähe den Riß auf der Rückseite nach Ziff. 24 b (Reparatur kurzer, glatter Risse), wodurch die Rißkanten am Patsch angenäht werden.

e) Das Einsetzen eines Flickens

Ist das Segel noch nicht sehr rott oder ist ein ganzes Stück aus dem Segel herausgerissen, so verfahre zunächst wie unter d (1)—(3) (Aufsetzen eines Patschen) beschrieben. Dann aber vernähe nicht die Rißkanten, sondern schneide unter dem Flicken so viel Segeltuch heraus, daß du noch einen einfachen Saum unter den Flicken legen kannst. Diesen vernähe wieder von der Rückseite des Segels, wobei die Nadel abwechselnd in den Saum und den Flicken sticht [nicht bei Kunststoffsegeln! Siehe 24 d (2)!].

25. Das Annähen eines Liektaues

(1) Nimm gutes Takelgarn und nimm es doppelt, falls es zu schwach ist. *Wachse* es reichlich, indem du es mehrfach über die Kante eines Stückes Schusterwachses ziehst. Nimmst du das Garn doppelt, so drehe es nach dem Wachsen zusammen und wachse noch einmal nach. Reibe das Wachs gut in das Garn hinein.

(2) Nimm einen Segelmacherhandschuh (Ziff. 26) und eine dreikantige Segelnadel und nähe mit einfachen Rundstichen durch den Saum des Segels und das Liektau; stich aber *nicht durch die Kardeele,* sondern fahre zwischen dem auf dem Segelsaum aufliegenden Kardeel und den anderen Kardeelen hindurch.

Das Liektau liegt auf der *Backbordseite des Segels* und steht mit etwa $^1/_3$ seines Durchmessers über die Segelkante über.

26. Der Segelmacherhandschuh (Abb. 37)

Verwendung: Der „Fingerhut" des Segelmachers.
Der Segelmacherhandschuh ist ein breiter Lederstreifen, der über die Hand gestülpt wird, und der einen gesonderten Ansatz für den Daumen

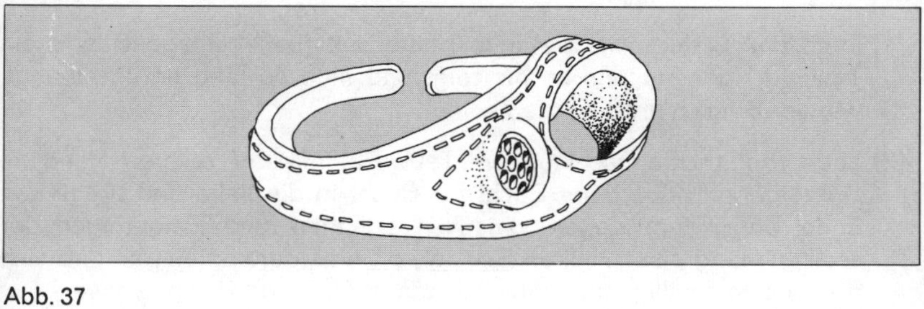

Abb. 37

hat. Die Weite ist durch ein Schnürband zu verstellen. An der Stelle der Daumenmaus ist eine geriffelte Platte aus Metall angebracht, mit der man die Segelnadel durch das Tuch drückt.

VIII. Das Aufschießen von Enden

Zweck: Es ist von größter Wichtigkeit, daß jedes Ende, das du benötigst, sofort klarliegt. Deshalb schieße jedes Ende und jeden Tampen, sobald du nicht mehr mit ihm arbeitest, sofort zu einem ordentlichen Bunsch auf! Unklare Enden sind schwierig zu entwirren. Ist dir ein Ende unklar gekommen, so stecke niemals einen Tampen oder eine Bucht durch andere Buchten oder Kinken, denn dann entstehen Knoten, die das Entwirren noch weiter erschweren; suche dir einen Tampen, und ziehe ihn Part für Part aus den Kinken heraus, bis das ganze Ende klar ist.

27. Das Aufschießen loser Enden (Abb. 38)

(1) Lege das Ende so in die linke Hand, daß (bei rechtsgeschlagenem Tauwerk) der Tampen zu dir zeigt und halb so lang herunterhängt, wie der Bunsch groß werden soll.

(2) Lege (bei rechtsgeschlagenem Tauwerk) mit der rechten Hand *im Uhrzeigersinn* das Ende Bucht für Bucht in die linke und *drehe* das Ende bei jedem Legen zwischen Daumen und Zeigefinger der rechten Hand einen halben Schlag im Uhrzeigersinn ein, so daß sich die Buchten willig und ohne Kinken aufeinanderlegen. Lasse beim Ausholen das Ende durch die rechte Hand gleiten und merke dir beim ersten Ausholen die Größe der Bewegung; wiederholst du diese Bewegung in immer gleicher Größe, so werden die Buchten des Bunsches genau gleich groß.

(3) Bevor das Ende ganz aufgeschossen ist, fahre von oben, also von der linken Hand kommend, mit dem Ende um den ganzen Bunsch herum, wobei aus diesem Rundtörn oben etwa 1/3 des Bunsches heraussehen soll; den Rundtörn legst du außerdem *nach oben*, so daß er sich selbst *bekneift*. (In Abb. 38 sind jeweils nur 2 Buchten des Bunsches gezeichnet, um die Skizzen übersichtlicher zu machen.) Lege einige weitere Rundtörns, ebenfalls von unten nach oben und dicht bei dicht, um das aufgeschossene Ende.

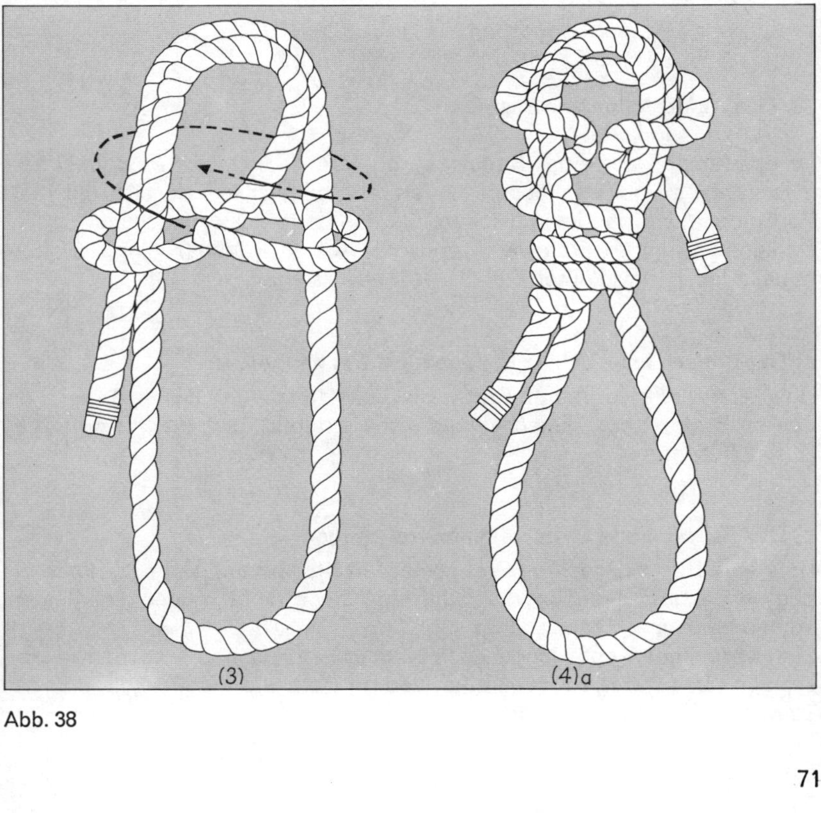

Abb. 38

(4) *a) Wird der Bunsch lose aufbewahrt,* so sicherst du ihn durch *Kopfschlag.*

Der Kopfschlag ist ein Auge, dessen Tampen durch die feste Part des Auges bekniffen wird.
In diesem Falle handelt es sich um je einen Kopfschlag auf jeder Part des Bunsches.
Hole eine Bucht des Tampens durch die oberen Buchten des Bunsches und stülpe die durchgeholte Bucht von oben über den Bunsch; lege diese Bucht dicht an die anderen Rundtörns und hole den Tampen steif.

b) Soll der Bunsch aufgehängt werden, so hole den Tampen ganz durch die oberen Buchten des Bunsches und stecke ihn mit einem Webeleinenstek (Ziff. 41) an den Tauhaken oder dergleichen an.

28. Das Aufschießen von Tampen

Ist ein Tampen auf einer Seite fest, so wird er *von dem Festpunkt zum losen Tampen* aufgeschossen, andernfalls bilden sich, da sich die feste Part nicht austörnen kann, Kinken, die das Ende unklar machen.
Beginne in einiger Entfernung von dem festen Punkt (Klampe, Koffeynagel oder dgl.) wie unter Ziff. (1)—(3) beschrieben.

a) Der Bunsch kann an der Klampe nicht frei hängen

Hole eine Bucht der *festen* Part (zwischen Klampe und Bunsch) durch die oberen Buchten des Bunsches und sichere den Bunsch durch Kopfschlag [Ziff. 27 (4) a].

b) Der Bunsch kann an der Klampe frei hängen

Hole eine Bucht der *festen* Part (zwischen Klampe und Bunsch) durch die oberen Buchten des Bunsches und lege diese einfach über die Klampe, so daß der Bunsch an ihr hängt.
Man vermeidet Kopfschläge nach Möglichkeit, da naßgewordene Kopfschläge nur schwer zu lösen sind, und an Bord die Möglichkeit, daß das Tauwerk naß wird, immer besteht.

IX. Das Belegen von Enden

Das Ende muß immer so zur Klampe oder zum Koffeynagel fahren, daß es sich mit seinem ersten Rundtörn nicht selbst bekneift (Abb. 39)!

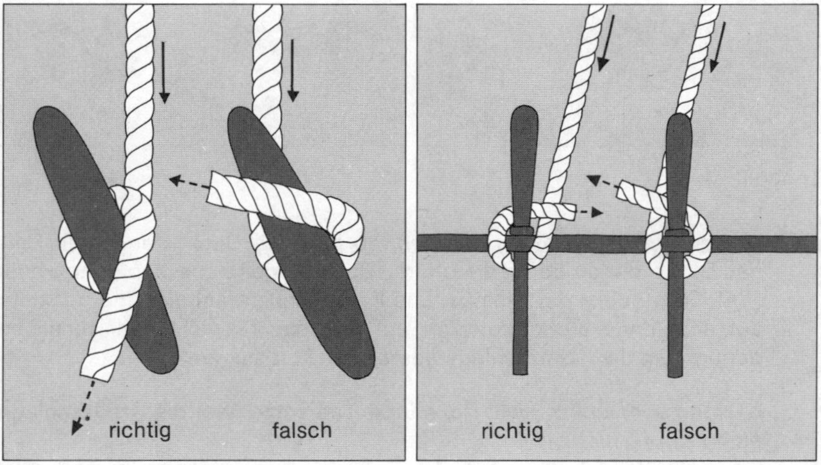

Abb. 39

Es würde sich sonst bei Naßwerden so bekneifen, daß es nur sehr schwer loszuwerfen wäre!

29. Das Belegen von Fallen (Abb. 40)

(1) Fahre entsprechend der Vorbemerkung einen Rundtörn um die Klampe oder den Koffeynagel und lasse einige Kreuzschläge folgen.

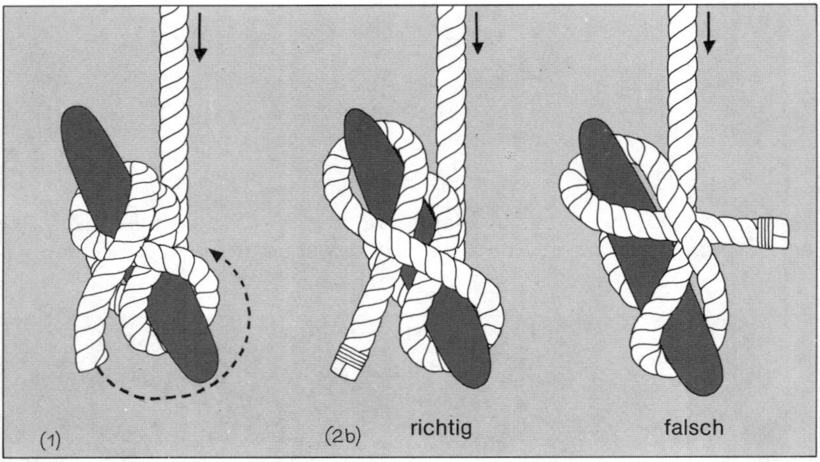

Abb. 40

(2) *a) Kann der Bunsch frei hängen,* so lege die Bucht der festen Part des Endes, die du durch die oberen Buchten des Bunsches geholt hast (Ziff. 28 b), über die Klampe. Die Kreuzschläge nehmen die gesamte auf dem Ende stehende Kraft auf und das Gewicht des Bunsches genügt, um die Kreuzschläge ausreichend zu sichern.

b) Kann der Bunsch nicht frei hängen, so setze über die Kreuzschläge einen *Kopfschlag.*
Die bekniffene (untenliegende) *Part des Kopfschlages muß parallel zum vorletzten Kreuzschlag fahren,* andernfalls hast du das Auge im falschen Drehsinn gelegt und mußt es um 3mal 180° zurückdrehen! [Siehe Abb. 40 (2) b].
Der Kopfschlag darf niemals steifgeholt werden! Er wäre nicht mehr zu lösen, wenn er naß geworden ist! Es ist auch nicht notwendig,

den Kopfschlag steifzuholen, denn die Kreuzschläge nehmen alle auf dem Ende stehende Kraft auf und der Kopfschlag dient nur zur Sicherung des letzten Kreuzschlages, auf dem schon keine Kraft mehr steht.

30. Das Belegen von Schoten (Abb. 41)

Schoten dürfen auf Jollen niemals, und auf Yachten niemals mit Kopfschlag belegt werden! Eine Schot muß ständig klar zum Loswerfen sein, und die Möglichkeit des schnellen Fierens darf durch einen Kopfschlag nicht beeinträchtigt werden!

(1) Fahre, wie zuvor beschrieben, unter, und in Keuzschlägen um die Klampe.

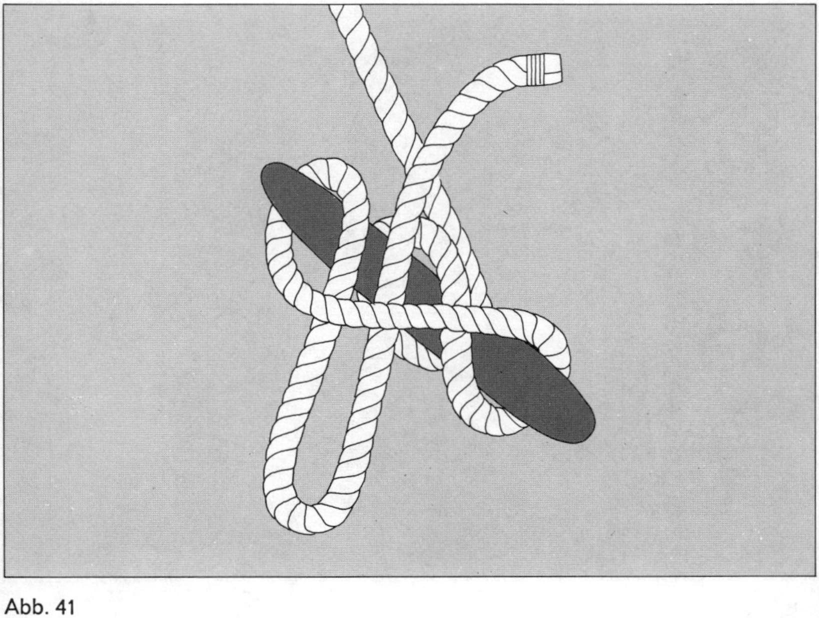

Abb. 41

(2) Fahre noch einige Rundtörns um die Klampe und lasse den Tampen so binnenbords liegen, daß er aus dem Wege ist. *Der Tampen einer Schot wird niemals zu einem Bunsch aufgeschossen!* Ist der Tampen so lang, daß es schwierig erscheint, ihn klarzubehalten, so schieße ihn in Buchten auf und lege ihn neben dich auf die Ducht, bei Jollen klar von deinen Beinen auf die Bodenbretter.

(3) Genügen diese Rundtörns nicht, um ein Durchslippen der Kreuzschläge zu verhindern (z. B. bei sehr dünnem Baumwollgut), so sichere die Kreuzschläge durch einen *Slipstek.*

Der Slipstek ist eine gefahrlose Abart des Kopfschlages und läßt sich jederzeit loswerfen.

Fahre nach dem letzten Kreuzschlag mit einer Bucht der losen Part des Tampens *unter* diesen letzten Kreuzschlag. Durch Holen des Tampens ist der Slipstek leicht und sicher loszuwerfen.

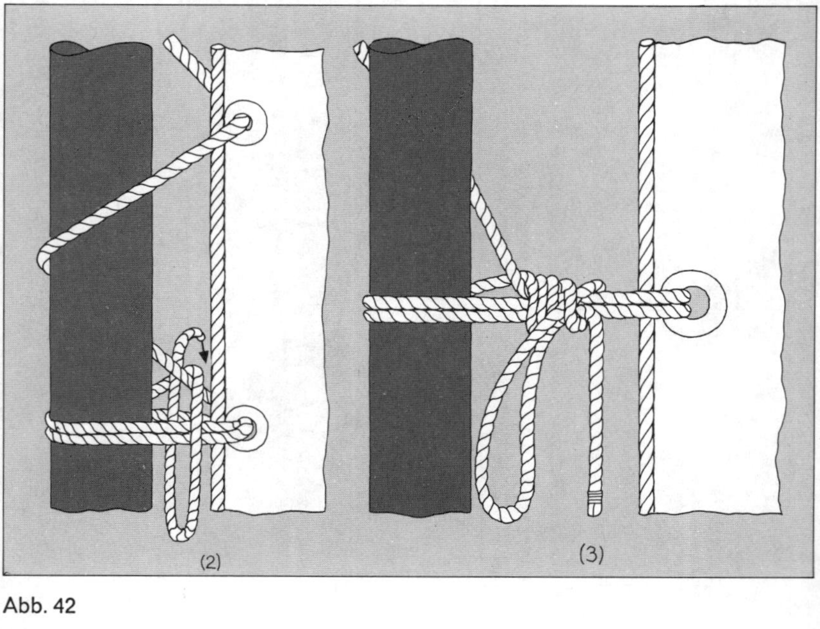

Abb. 42

31. Das Belegen der Reihleine (Abb. 42)

(1) Die Reihleine ist in das oberste Gattchen des Vorlieks eingespleißt. Schere sie während des Vorheißens des Segels in gleichbleibendem Drehsinn abwechselnd um den Mast und durch das nächste Gattchen, wobei sie so zu holen ist, daß das Vorliek des Segels *parallel* zum Mast verläuft.

(2) Vom letzten Gattchen fährst du um den Mast zurück durch dasselbe Gattchen und nochmals um den Mast. Dann fährst du *über* die von oben kommende Part der Reihleine (also über 5 Parten!) zwischen Segel und Mast hindurch und von *unten* durch die Rundtörns, die um den Mast und durch die Gattchen fahren; dann legst du einige Rundtörns um diese.

(3) Stecke unter den letzten Rundtörn einen *Slipstek* [Ziff. 30 (3)] und hole ihn steif.

32. Das Belegen von Ketten auf Pollern s. Ziff. 45!

X. Gebrauchsknoten und -steke

Die richtig ausgeführten seemännischen Knoten und Steke haben die Eigenschaft, zu halten, so lange sie halten sollen, und sich durch Aufbrechen ihrer letzten Bucht verhältnismäßig leicht lösen zu lassen, wenn sie ihren Zweck erfüllt haben.
Nicht jeder Knoten ist für jeden Zweck geeignet! Es ist deshalb notwendig, die bei jedem Knoten über seine *Verwendung* gemachten Angaben zu beachten!
Beachte auch, daß nachstehend einige Knoten aufgeführt sind, die *nicht* angewendet werden dürfen! Sie wurden nur erklärt, damit du sie *vermeiden* kannst!

A. Das Verbinden zweier Enden

33. Der Altweiberknoten (Abb. 43)

Verwendung: Nie und nirgends!

Dieser Knoten slippt bei stärkerem Tauwerk durch oder löst sich, wenn Kraft auf ihn zu stehen kommt, und bei dünnem Gut bekneift er sich so, daß er nicht mehr zu lösen ist!
Es ist dies der Knoten, wie er von Nichtseglern normalerweise z. B. zum Verschnüren von Paketen benützt wird. Er besteht aus zwei übereinander-

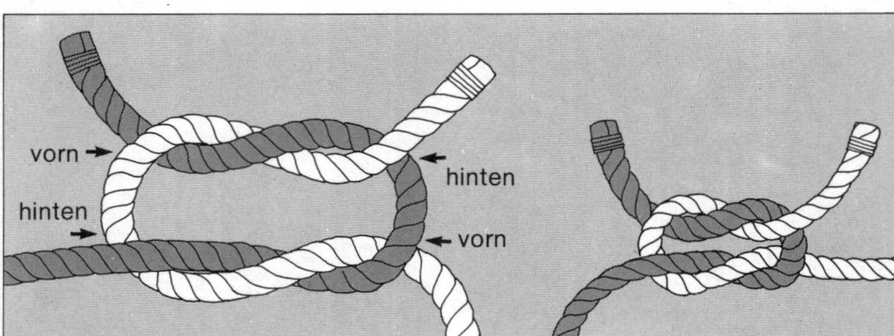

Abb. 43

liegenden Überhandknoten, deren Parten nicht symmetrisch aus der Bucht des anderen Tampen fahren, sondern die Bucht liegt jeweils bei der einen Part vorne und bei der anderen hinten.

34. Der Kreuzknoten (Abb. 44)

Verwendung: Verbindung zweier gleich starker Enden.

(1) Schlage einen Überhandknoten [Ziff. 7 (1)] und über diesen einen zweiten, wobei du genau darauf achtest, daß der Tampen, der von dir aus gesehen *hinter* der festen Part liegt, auch *hinter* den Tampen zu liegen kommt, mit dem er den Knoten schlägt.

(2) Hole den Knoten steif.
Achte! Der Knoten muß symmetrisch sein, d. h. die Parten jedes Tampens müssen nebeneinander und auf derselben Seite aus der Bucht des anderen Tampens fahren! Es ist dies die richtige Form zu dem falschen Altweiberknoten (Ziff. 33).
Bei synthetischem Gut lasse die beiden Tampen mindestens 15 cm aus dem Knoten herausstehen und überzeuge dich, ob der Knoten hält. Tut er dies nicht, so schlage ihn neu und schlage hierbei mit dem einen Tampen einen zweiten Törn um den anderen, worauf der zweite Überhandknoten geschlagen wird, wie zuvor beschrieben.

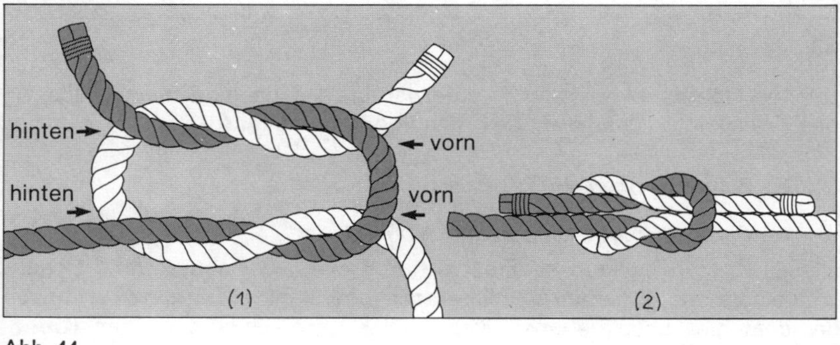

Abb. 44

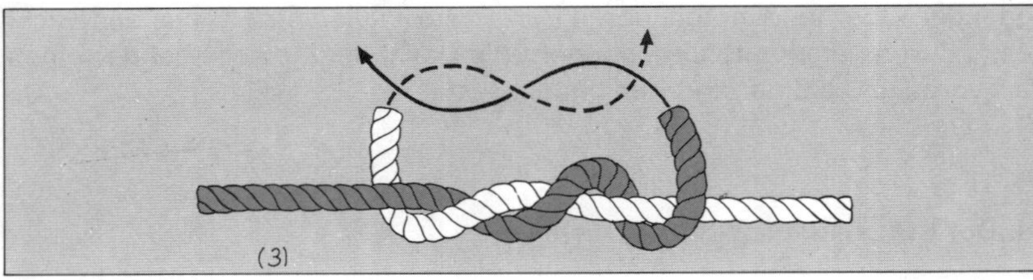

Abb. 44 (3)

35. Der Kreuzknoten mit Slipstek (Abb. 45)

Verwendung: In dünnem Bändselgut, wie an den Lattentaschen, dem Klaubändsel kleiner Boote, auch bei den Zeisingen zum Beschlagen der Segel usw.

Schlage einen Überhandknoten (Ziff. 34), lege in den rechten Tampen eine Bucht, die über den Überhandknoten zu liegen kommt und nach rechts offen ist; schlage mit dem linken Tampen um diese Bucht den

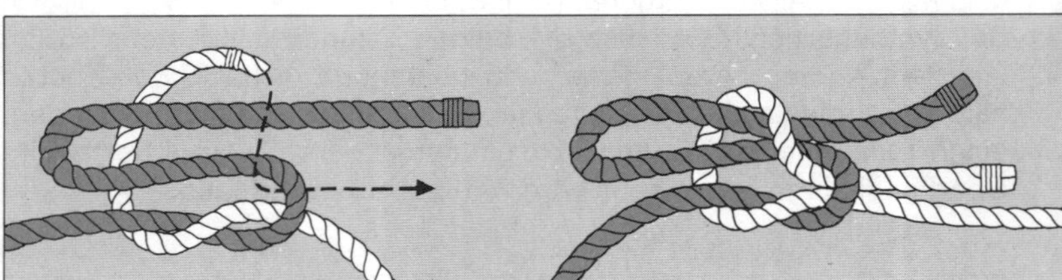

Abb. 45

zweiten Überhandknoten und achte darauf, daß dieser Tampen nach Art des *Kreuzknotens* und nicht des Altweiberknotens fährt!

36. Die Schuhbandschleife (Abb. 46)

Verwendung: Sicheres Binden der Schuhbänder.

Dieser Knoten ist *kein* seemännischer Knoten. Da aber offene Schuhbänder die ernste Gefahr des Überbordgehens mit sich bringen und auch bei dem hier beschriebenen Knoten der Unterschied zwischen Kreuzknoten und Altweiberknoten wesentlich ist, wurde er aufgenommen.

(1) Schlage einen Überhandknoten. Lege in den rechten Tampen eine Bucht und schlage mit einer *Bucht* des linken Tampens den zweiten Überhandknoten *nach Art des Kreuzknotens,* ohne den zweiten Überhandknoten steifzuholen.

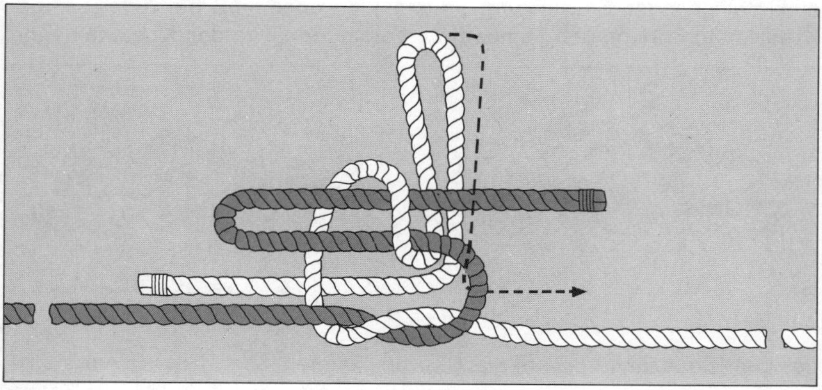

Abb. 46

(2) Fahre mit dieser letzten Bucht noch einen Rundtörn um die zuerst gelegte Bucht des rechten Tampens.
Ist das Schuhband hierzu zu kurz, so schlage einen Kreuzknoten mit Slipstek (Ziff. 35) und umfahre dann die zuerst gelegte Bucht des rechten Tampens nochmals mit einer Bucht des linken Tampens.

(3) Hole den Knoten steif, indem du die beiden Buchten, also alle 4 Parten gleichzeitig anziehst.

37. Der Rauschknoten (Abb. 47)

Verwendung: Praktisch keine. Es ist dies ein „Scherzknoten", der langsam aber sicher durchslippt, wenn Kraft auf ihn zu stehen kommt).*

Er wird hier beschrieben, weil man sein Prinzip kennen muß, um den Schotstek (Ziff. 38) nicht versehentlich als Rauschknoten zu stecken.

*) „Scherz" der „alten Leute" der alten Kriegsmarine, die einem „Neuen" am ersten Bordtag die Hängematte festmachen. Der Neue kam im ersten Schlaf „von oben", denn der „Rauschknoten mit Verzögerung" slippt nur langsam, dafür aber sicher durch.

Lege in den linken Tampen eine Bucht und fahre mit dem rechten von unten in die Bucht, dann über die *lose* Part der Bucht, rund um die Bucht und von oben in die Bucht hinein.
Der Knoten sieht für den Laien wie ein vorschriftsmäßiger Kreuzknoten aus. Bei genauer Betrachtung erkennst du aber, daß bei dem richtigen Kreuzknoten die beiden Tampen auf *derselben Seite* des Knotens liegen,

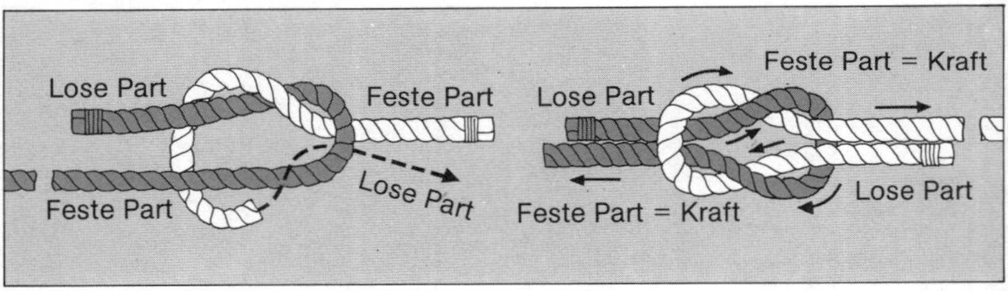

Abb. 47

bei dem Rauschknoten aber auf verschiedenen. Wenn du dir vorstellst, wie die *Kraft* in den beiden Knoten wirkt, so erkennst du, daß im Kreuzknoten die beiden festen Parten miteinander verschlungen sind, so daß bei Nachgeben des Knotens der Knoten *dichter* geholt wird. Bei dem Rauschknoten ist aber je eine feste Part mit der losen Part des anderen Tampens verschlungen, wobei der Tampen aus dem Knoten herausgeschoben wird, wenn Kraft auf das Ende zu stehen kommt.

38. Die Schotsteke

Verwendung: Verbindung zweier verschieden starker Enden, jedoch sollte in der Praxis nur der doppelte Schotstek (38 b) benützt werden. Bei synthetischem Tauwerk ist der einfache Schotstek sogar unbrauchbar.

a) Der einfache Schotstek (Abb. 48)

(1) Nimm das *stärkere* Ende in die linke Hand und lege in den Tampen eine Bucht, deren lose Part zu dir hin liegt.
Fahre mit dem Tampen des schwächeren Endes von unten in die Bucht, über die *feste* Part der Bucht (sonst gibt es einen Rauschknoten!) und rund um die Bucht herum.

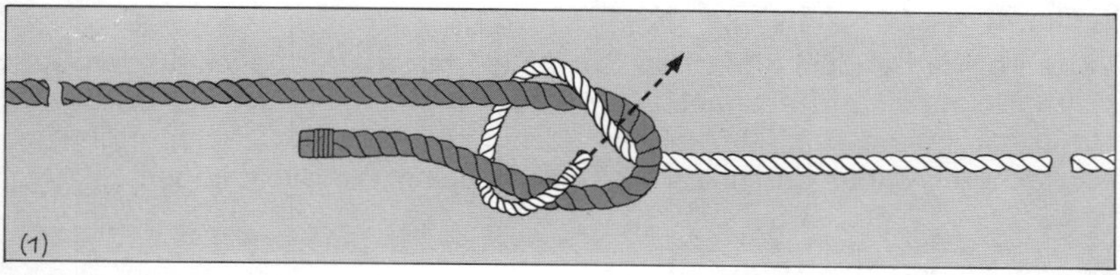

Abb. 48 (1)

Durch einen als Rauschknoten gesteckten Schotstek wurde schon mancher Anker verloren!

(2) Fahre mit dem Tampen des schwächeren Endes weiter zwischen seiner eigenen festen Part und dem zuerst gelegten Auge hindurch, so daß

a) der Tampen durch seine eigene feste Part bekniffen wird,

Abb. 48 (2)

b) die feste Part die Bucht so verriegelt, daß der Tampen nicht über die Bucht hinausslippen kann.

Abb. 49

b) Der doppelte Schotstek (Abb. 49)

Verfahre wie bei dem einfachen Schotstek, fahre aber bevor du den Stek steifholst mit dem durchgesteckten Tampen nochmals um die Bucht des stärkeren Endes und stecke ihn nochmals unter der festen Part des schwächeren Endes durch, so daß zwei Törns um die Bucht liegen.

39. Der Stopperstek (Abb. 50)

Verwendung: Anstecken eines Tampens an ein laufendes Ende (d. h. nicht am Tampen des anderen Endes) wie z. B. beim Abstoppen eines gebrochenen Falls während des Spleißens bei vorgeheißtem Segel, zum Anstecken eines Taljesterts oder zum Anstecken der Vorleine auf eine Schlepptrosse usw.

Das anzusteckende Ende soll schwächer sein als das laufende. Der Stopperstek bekneift sich auf dem stärkeren Ende, so lange Kraft auf ihm steht, läßt sich aber mit der Hand nach beiden Seiten verschieben, wenn er entlastet ist.

Wir nehmen an, daß wir unsere Vorleine auf eine Schlepptrosse stecken wollen, während der Schlepper Fahrt voraus macht, so daß also Kraft

Trosse zu Steuerbord

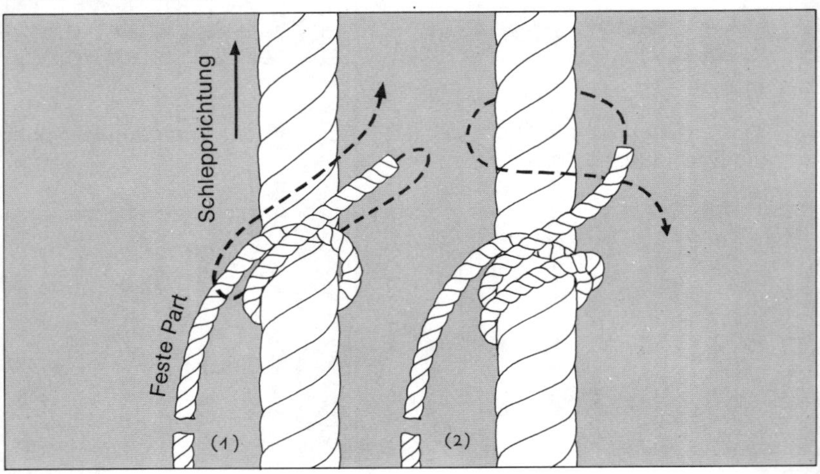

Abb. 50

auf der Trosse steht. Dein Vorschiffsmann habe die Trosse aufgepickt und dein Boot wird somit schon geschleppt. Achte, ob die Trosse zu Steuerbord oder zu Backbord von deinem Boot fährt!

(1) Lege mit deinem Festmacher ein Auge um die Trosse, dessen lose Part von dir wegweist und — in Fahrtrichtung gesehen — hinter der festen Part des Auges fährt. Hältst du den Tampen steif von dir weg, so bekneift er die feste Part auf der Trosse und dein Boot ist zunächst fest.

(2) Fahre einen Rundtörn um die Trosse, der zwischen das erste Auge und die feste Part deines Festmachers zu liegen kommt. Hierbei kommt dein Festmacher auf der Trosse nochmals einen Augenblick lose, und du mußt achten, daß dir die Trosse nicht davonrauscht.

(3) Lege, in Fahrtrichtung gesehen, vor den bisher geschlungenen Stek nochmals einen Rundtörn, bei dem du den Tampen unter dem Törn durchsteckst (Kopfschlag!).

Der Stopperstek ist ein Webeleinenstek, bei dem das untere Auge zweimal übereinandergefahren wird.

Trosse zu Backbord

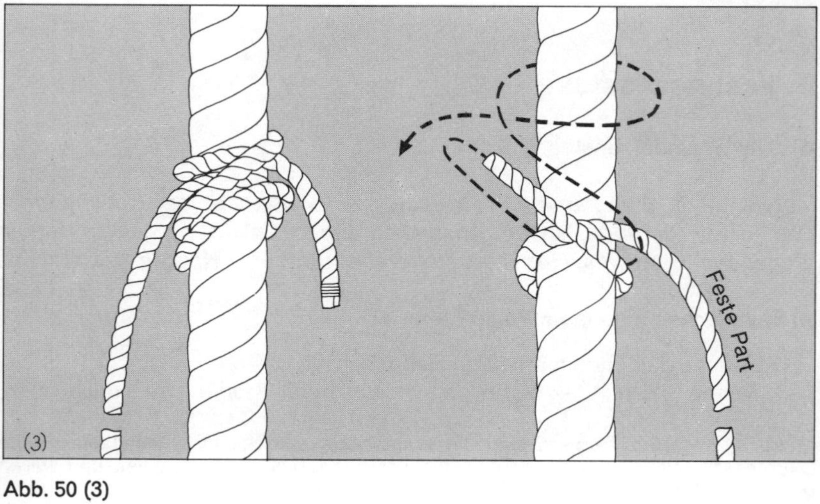

Abb. 50 (3)

40. Der Trossenstek (Abb. 51)

Verwendung: Verbinden zweier Trossen, die zu wenig lehnig sind, als daß sie durch die zuvor beschriebenen Knoten und Steke verbunden werden könnten.

(1) Lege in den Tampen der einen Trosse ein Auge und lasse dieses so überschneiden, daß eine 8ähnliche Figur entsteht. Setze ein Bändsel auf (Ziff. 19).

(2) Fahre mit dem Tampen der anderen Trosse so durch die 8ähnliche Figur, daß um 90° verdreht dieselbe Figur entsteht, und setze auch hier den Tampen mit einem Bändsel fest.

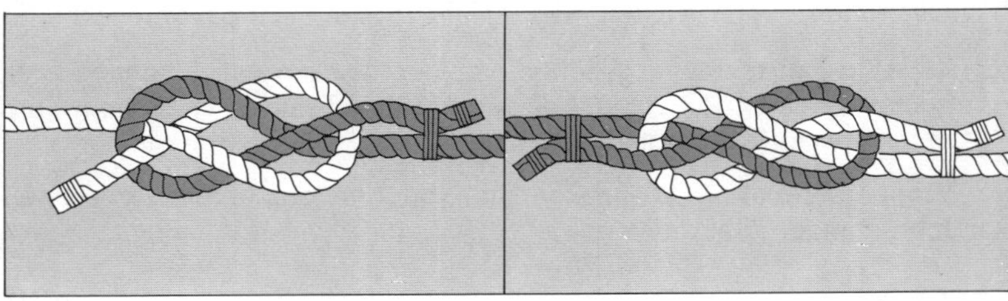

Abb. 51

B. Festmachesteke

41. Der Webeleinenstek*)

Verwendung: Belegen von Festmachern auf Pollern, an der Reeling einer Pier usw.; darüber hinaus Anstecken eines Endes an jedem festen Gegenstand, so weit nicht nachstehend ein anderer Knoten genannt ist.

a) Festmachen auf einem Poller (Abb. 52)

(1) Erfasse das Ende mit beiden Händen
Tampen etwa 1—2 m *rechts* von dir, beide *Handrücken* nach *oben*,

*) Auf den großen Seglern sind die Wanten als „Strickleitern" ausgebildet; die „Sprossen", als sie noch als Tauwerk bestanden, hießen Webeleinen und waren mit dem nach ihnen benannten Stek an den Wanten angesteckt.

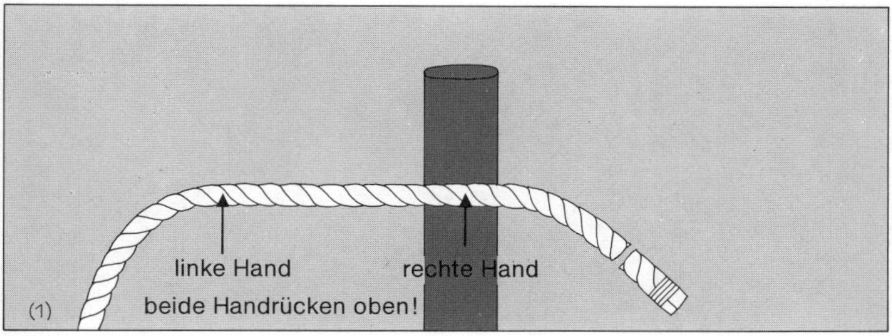

Abb. 52 (1)

Hände etwas über Schulterbreite auseinander, die *rechte* Hand *vor dem Poller,* etwa 20 cm von diesem entfernt. [Siehe Abb. 52 (1)].

(2) Drehe die linke Hand um 90°, so daß der Daumen nach oben zu liegen kommt, und fahre mit ihr *in rundem Bogen dicht über den Poller hinweg* auf den Rücken der rechten Hand, so daß auch ihr Handrücken wieder oben liegt.
Bei dieser Bewegung entsteht ein Auge, das sich von selbst über den Poller legt.

(3) Lasse mit der linken Hand den Tampen los und ergreife, während die rechte Hand ohne loszulassen auf dem Ende um Schulterbreite

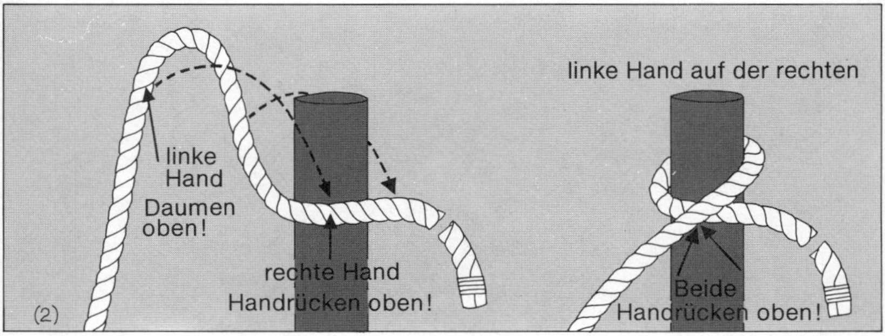

Abb. 52 (2)

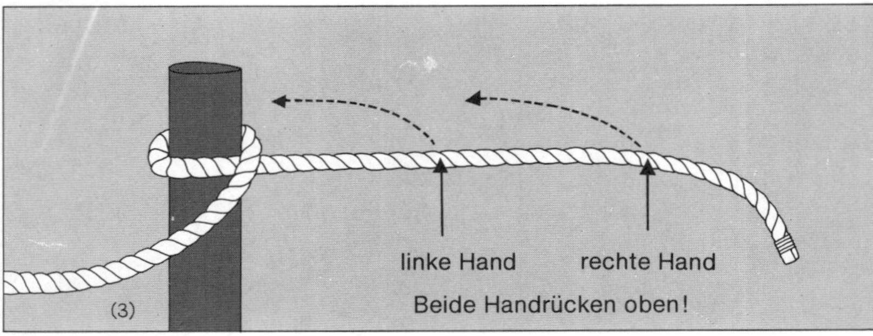

Abb. 52 (3)

nach rechts fährt, das Ende mit der linken Hand an der Stelle, an der bis jetzt die rechte Hand war.

(4) Bringe, ohne die Hände loszulassen, den Tampen soweit nach links, daß wiederum die rechte Hand vor dem Poller steht; hebe die Hände aber so weit an, daß der Tampen von dem um den Poller liegenden Auge aus noch *oben* verläuft, und wiederhole nochmals dieselbe Bewegung (2).
Es legt sich ein zweites Auge über das erste, und die beide Parten des Endes liegen *zwischen* ihnen, so daß sie bekniffen werden.

Nach einiger Übung schleifen sich die Bewegungen so ab, daß sie pausenlos ineinander übergehen und die Einhaltung der einzelnen Phasen sich erübrigt. *Man wirft dann einfach 2 Augen über den Poller.*

Abb. 52 (4)

(5) Bei synthetischem Tauwerk stecke mit dem losen Tampen noch 2 halbe Schläge um die feste Part (siehe Ziff. 42, Abb. 55!).

b) Festmachen an einer Reling usw. (Abb. 53)

(1) Fahre um den Pfahl oder Balken einen Rundtörn (bei senkrechtem Pfahl *lose Part unter* der festen!), bei synthetischem Gut zwei Rundtörns, die sich bekneifen;

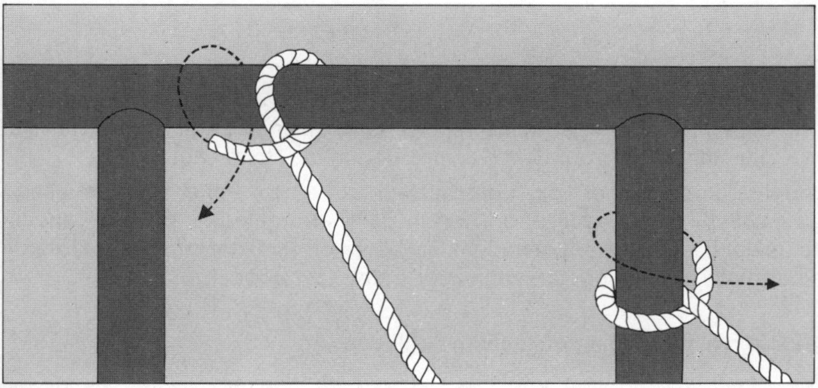

Abb. 53

(2) fahre im gleichen Drehsinn *über* diesem Rundtörn (bei synthetischem Gut über beiden Rundtörns) einen zweiten (bei synthetischem Gut einen dritten), wobei du den Tampen *unter* seine eigene feste Part steckst (Kopfschlag!).

c) Legen des Webeleinensteks in der Hand (Abb. 54)

(1) Fasse das Ende, Tampen rechts, mit beiden Händen, Handrücken oben, und die Hände schulterbreit auseinander.

(2) Bringe die rechte Hand *unter* die linke und drehe sie dabei so, daß ihr Handrücken nach unten, und das entstehende Auge von dir weg zu liegen kommt; bekneife den Schnittpunkt der Parten mit den Fingern der linken Hand.

(3) Lasse die rechte Hand los, erfasse den Tampen wieder mit dem Handrücken nach oben in genügender Entfernung von der linken Hand und lege mit derselben Bewegung der rechten Hand, wie unter

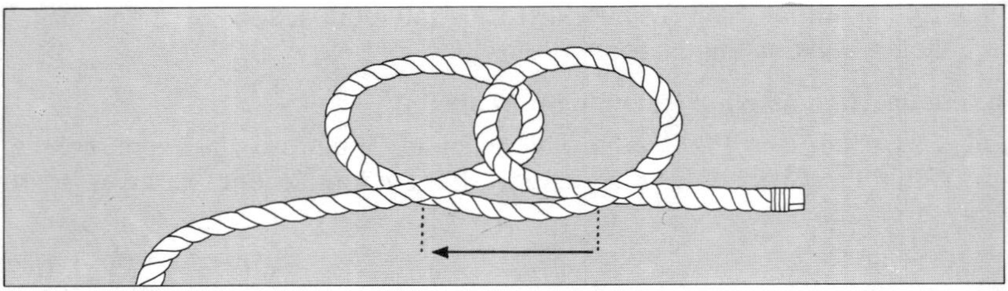

Abb. 54

2 beschrieben, ein zweites Auge, das jedoch *über* das erste zu liegen kommt! Du bringst deine rechte Hand diesmal so *auf* die linke, daß ihr Handrücken auf dem Daumen der linken Hand liegt.

Machst du dein Boot vom Vorschiff aus auf einem Poller fest, so wende *ausschließlich* Methode a) an! Ein in der Hand gelegter Webeleinenstek ist meist zu klein oder kommt unklar, bevor er vom stampfenden Boot aus über den Poller gelegt ist; dann aber treibt dein Boot ab.

42. Der Rundtörn mit zwei halben Schlägen (Abb. 55)

Verwendung: Belegen von Festmachern an dünnen Balken, an denen sich ein Webeleinenstek zu sehr bekneifen würde, oder zum Anstecken von dünnem Gut, das sich ebenfalls leicht zu sehr bekneift.

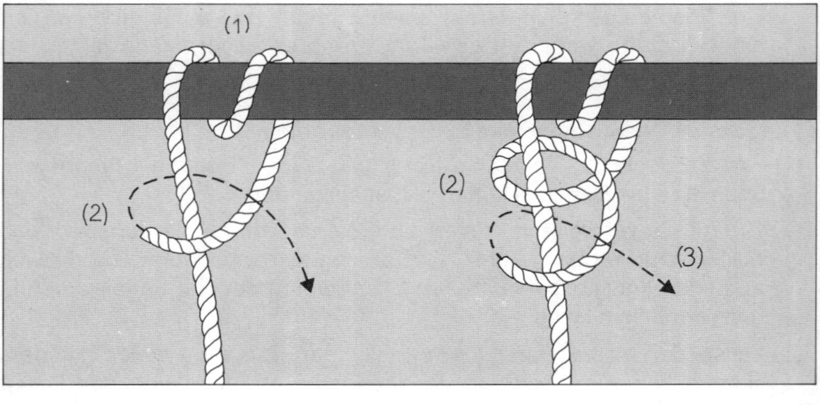

Abb. 55

(1) Fahre ein und einen halben Rundtörn um den Balken.

(2) Stecke mit der losen Part einen halben Schlag um die feste Part.

(3) Stecke hinter den ersten halben Schlag einen zweiten *im gleichen Drehsinn und genau gleich dem ersten.*

43. Die Roringsteke*)

Verwendung: Zum Festmachen an einem eisernen Ring, zum Anstecken von Enden an runden Gegenständen, wie Ankerroring usw. In der Praxis sollte, vor allem bei synthetischem Gut, nur der doppelte Roringstek benützt werden.

a) Der einfache Roringstek (Abb. 56)

(1) Fahre mit dem Tampen des Festmachers von dir weg in den Ring hinein und lege um den unteren Teil des Ringes einen Rundtörn.

(2) Fahre über die feste Part des Tampens hinweg und durch das Innere der Törns zurück.

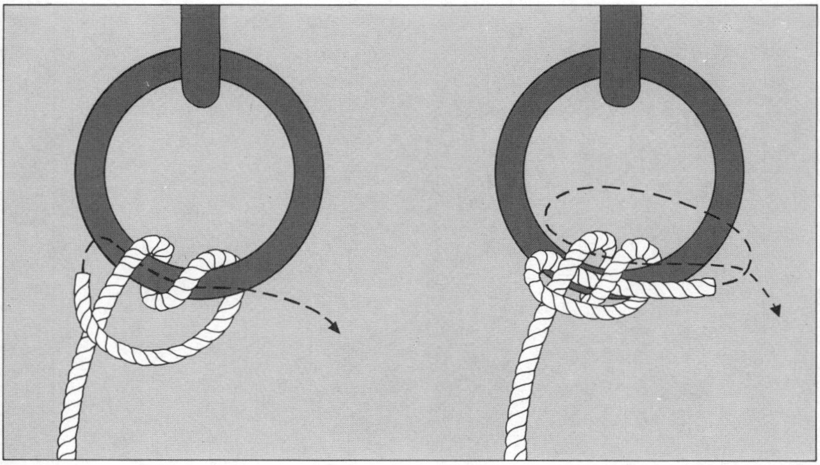

Abb. 56 Abb. 57

*) Roring: Ring am Ankerschaft zum Anstecken der Ankertrosse oder -kette.

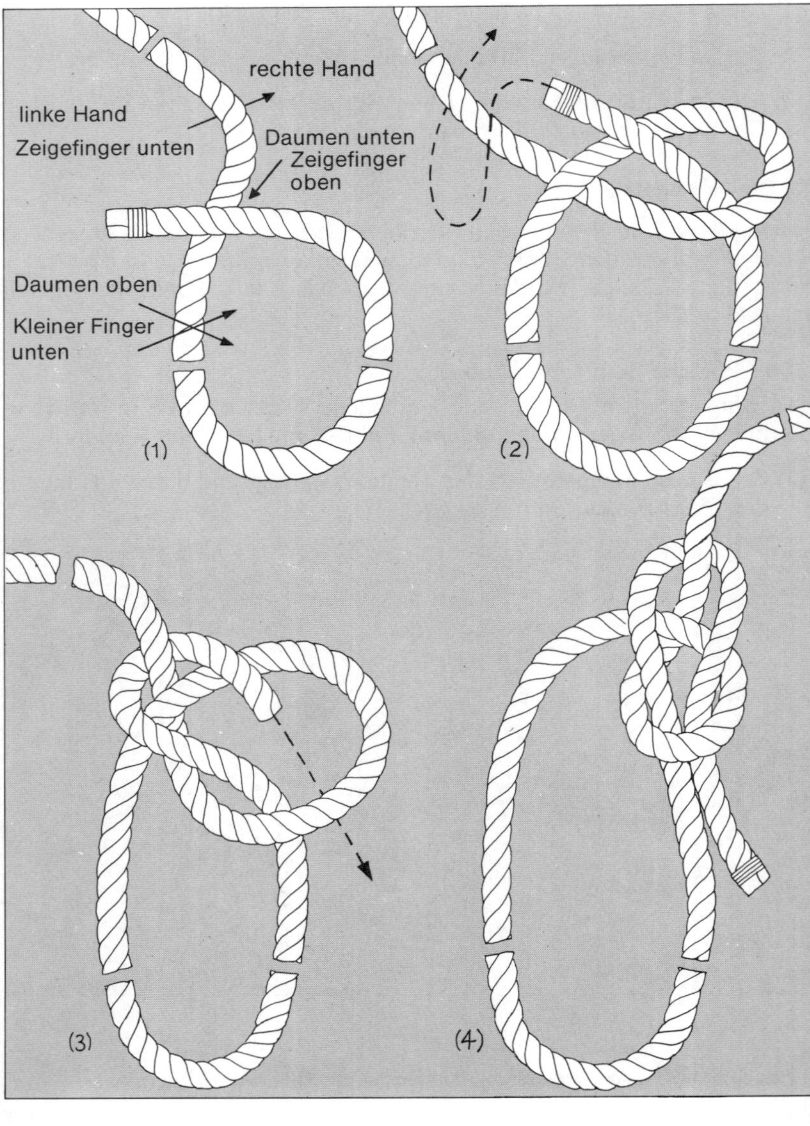
rechte Hand
linke Hand
Zeigefinger unten
Daumen unten
Zeigefinger oben
Daumen oben
Kleiner Finger unten
(1)
(2)
(3)
(4)

Abb. 58

b) Der doppelte Roringstek (Abb. 57)

(1) Verfahre wie bei dem einfachen Roringstek.

(2) Fahre nochmals in demselben Drehsinn über die beiden im Ring liegenden Törns hinweg und durch die Törns zurück.

44. Die Palsteke

Verwendung: Nicht zuslippendes Auge im Tampen, das zum Festmachen des Bootes über den Poller oder Pfahl (Pal!) gelegt wird.

a) Der einfache Palstek (Abb. 58)

(1) Lege das Ende auf die flache linke Hand, den Tampen auf dich zulaufend, das Ende zwischen Daumen und Zeigefinger herabhängend, alle Finger gespreizt. Der Tampen muß so lang sein, daß die Bucht, die er bilden soll, die gewünschte Größe bekommt.
Erfasse mit der rechten Hand den Tampen am äußersten Ende zwischen Daumen und Zeigefinger, wobei der Handrücken *unten* liegt und der Tampen so am Zeigefinger *entlang* läuft, daß er mit der Fingerspitze endet.
Lege den Tampen in der Mitte des Handtellers der linken Hand auf das Ende, so daß er dieses *kreuzt*, und bekneife den Schnittpunkt der Parten mit Daumen (unten!) und Zeigefinger (oben!) der rechten Hand.
Schließe Daumen und kleinen Finger der linken Hand über dem Ende und von dir aus gesehen *vor* der rechten Hand.

(2) Rolle die rechte Hand um ihre Längsachse von dir weg und drücke gleichzeitig mit dem rechten Zeigefinger den Tampen nach unten, so daß ein Auge entsteht, aus dem der rechte Zeigefinger und der Tampen von unten nach oben heraussieht.

(3) Fahre mit dem Tampen *über* den Schnittpunkt der Parten und zwischen den Parten hindurch; dann fahre nach rechts *unter* der untenliegenden Part hindurch und von *oben* wieder zurück in das Auge.

(4) Hole den Stek steif.

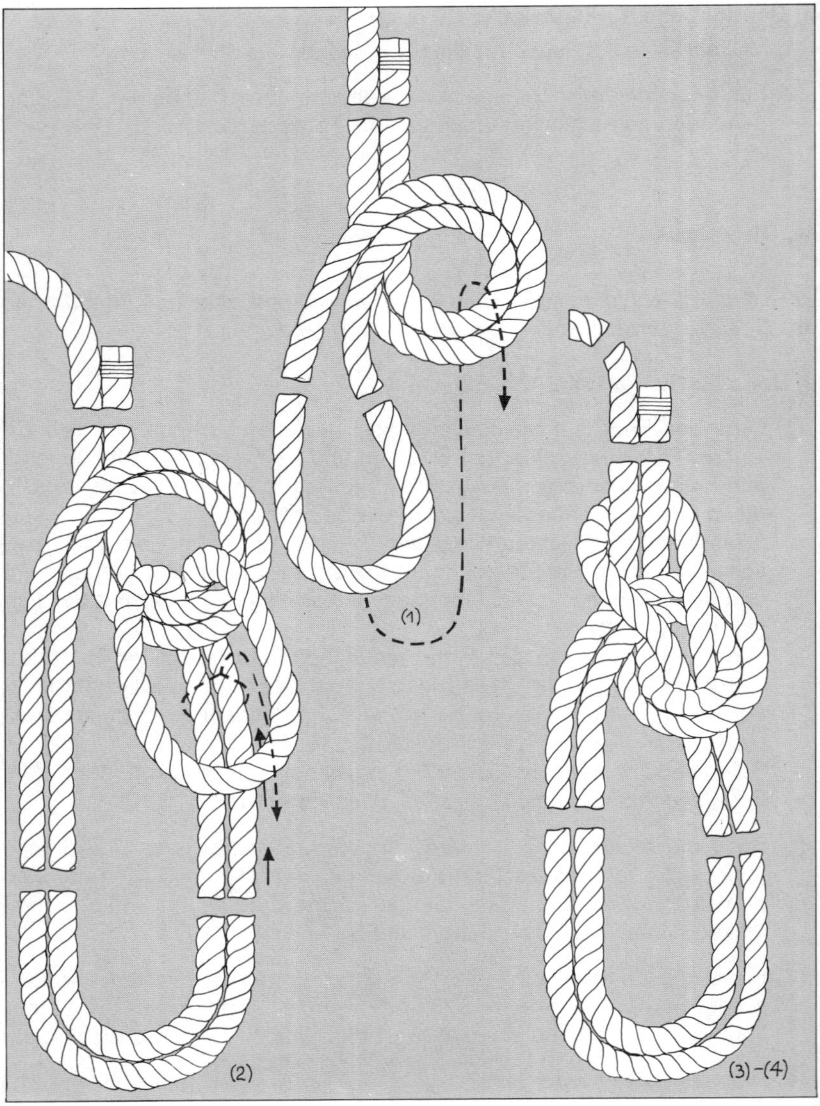

Abb. 59

Ist das Gut zu stark oder nicht lehnig genug, um den Palstek auf die hier beschriebene Art zu stecken, so lege das Ende auf Deck aus, lege das Auge nach Abb. 58 (2) (lose Part oben!), fahre mit dem Tampen von unten in das Auge weiter, wie zuvor beschrieben.
Man kann jeden Knoten auf verschiedenen Wegen zustande bringen. Die zuerst beschriebene Art ist die, bei der der Palstek ohne Hinschauen oder Überlegen mit 3 Bewegungen fertig und richtig ist.
Bewegung (4) wird auch so ausgeführt, daß der Tampen die untere Part von außen nach innen unterfährt; dann aber liegt der Tampen im Innern der Bucht, schamfilt am Poller und arbeitet sich unter Umständen sogar los.

b) Der doppelte Palstek (Abb. 59)

Verwendung: Bei starker Beanspruchung des Festmachers (Seegang!), zur Sicherung eines Mannes bei Außenbordsgehen oder (bei Seegang) an Deck (der doppelte Palstek schneidet am Körper weniger ein, als der einfache). Zum Sichern eines Mannes, der in den Mast entert, jedoch nur den Bootsmannsstuhl (59 c) verwenden!

(1) Lege in den Tampen eine Bucht, die etwas größer ist, als das gewünschte Auge des Palsteks werden soll.
Lege handbreit hinter dem Tampen mit beiden Parten der Bucht ein Auge, dessen lose Part *oben* liegt.

(2) Fahre mit dem geschlossenen Bogen der Bucht von *unten* durch das Auge, bis der Bogen etwa handbreit aus dem Auge sieht.
Drücke den Bogen über das Auge auf die beiden Parten der Bucht, die zum Bogen führen, und

(3) hole diese beiden Parten mitsamt der ganzen Bucht durch den Bogen; lasse hierbei den Bogen los, so daß er nach unten klappt und sich oberhalb des Knotens unter die feste Part des Endes legt.

(4) Ordne die doppelt fahrenden Parten, so daß sie parallel liegen, und mache die beiden Parten der Bucht genau gleich lang, so daß sie bei Belastung gleichmäßig tragen.
Hole den Stek steif.

c) Zwei Augen auf einem Poller (Abb. 60)

Willst du an einem Pfahl festmachen, an dem schon ein anderes Boot mit Palstek oder gespleißtem Auge fest ist, so fahre mit deinem Palstek *von unten* durch das Auge des anderen Festmachers und lege dein Auge dann über seinem auf den Poller.

Abb. 60

Es kann dann jeder Festmacher abgenommen werden, ohne durch den anderen behindert zu sein. Eine unbedeutend erscheinende Geste gegenüber dem anderen Segler, aber in ihr manifestiert sich die Ritterlichkeit des Sportsmanns.

45. Belegen von Ketten auf Pollern (Abb. 61)

Verwendung: Wird eine Kette (Anker- oder Bojenkette) mit Webeleinenstek auf einem Poller belegt, so setzt sich mit Sicherheit ein Kettenglied des einen Törns zwischen zwei Glieder eines anderen Törns und der Stek ist nicht mehr zu lösen. Der Webeleinenstek darf bei dem Belegen von Ketten also nicht angewandt werden, sondern Ketten sind zu belegen, wie nachstehend beschrieben.

(1) Lege mit der *losen* Part der Kette 2½ Rundtörns um den Poller und fahre mit einer Bucht der *losen* Part unter der festen Part hindurch (in der Abb. sind die Kettenglieder nicht gezeichnet, um die Skizze deutlicher zu machen).

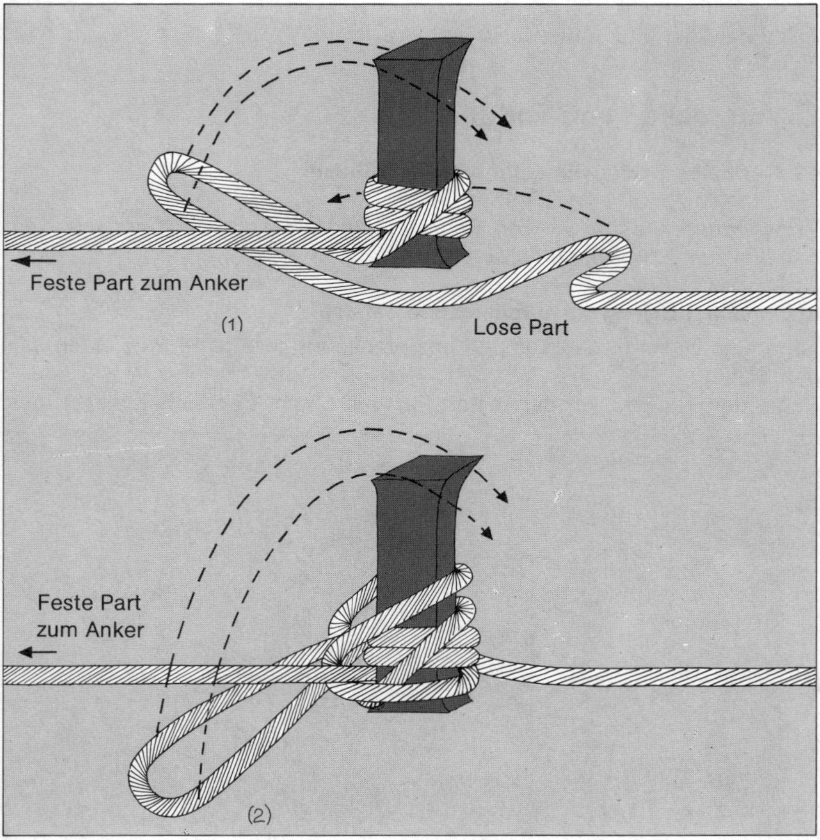

Abb. 61 (1) Abb. 61 (2)

(2) Lege die Bucht, ohne sie zu einem Auge zu verdrehen, über den Poller.

(3) Fahre mit einer Bucht der losen Part um den Poller herum und wiederum unter der festen Part hindurch (diesmal in entgegengesetzter Richtung zu dem ersten Durchfahren); stülpe auch diese Bucht, ohne sie zu einem Auge zu verdrehen, über den Poller.

Ist der Poller nicht hoch genug, so kann auch das Überstülpen der ersten Bucht genügen; dann fällt (3) weg.

C. Anstecken von Enden

46. Der halbe Schlag mit aufgesetztem Bändsel

Verwendung: Anstecken von Baumwollgut, wie z. B. der Großschot am Schäkel zum Schotring oder Leitwagenblock.

a) Ein halber Schlag mit aufgesetztem Bändsel (Abb. 62)

Lege eine Bucht in den Tampen und stecke um ihre feste Part einen halben Schlag.
Setze den Tampen auf der festen Part mit einem Bändsel (Ziff. 19) fest.

Abb. 62

Abb. 63

b) Zwei halbe Schläge mit aufgesetztem Bändsel (Abb. 63)

Verfahre wie unter a) ausgeführt und setze hinter den ersten halben Schlag, einen zweiten, *der genau wie der erste* fahren muß. Setze ein Bändsel auf.

47. Der Roringstek mit aufgesetztem Bändsel

Verwendung: Anstecken eines Endes an einen Ring für längere Dauer, wie Anstecken der Ankertrosse am Roring usw.

Stecke das Ende mit einem einfachen oder doppelten Roringstek (Ziff. 43) an und setze den Tampen mit einem Bändsel (Ziff. 19) auf der festen Part fest.

48. Die Klinsch (Abb. 64)

Verwendung: Anstecken von Schoten.

Schere die Schot durch das Gattchen oder den Schäkel (bei zweipartigen Schoten hole die Parten gleich lang) und stecke vor das Gattchen oder den Schäkel einen halben Schlag. Den Tampen setzt du mit einem Bändsel (Ziff. 19) *am Schnittpunkt des Auges fest.*

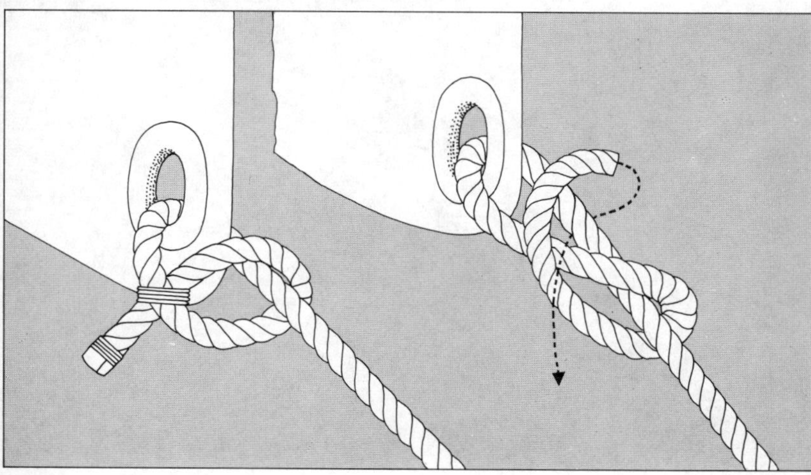

Abb. 64 Abb. 65

49. Der Gordingstek oder Leesegel-Schotstek (Abb. 65)

Verwendung: Anstecken von Schoten für kurze Zeit.

Der Gordingstek hat vor zwei halben Schlägen den Vorteil, daß der Tampen bekniffen wird.
Fahre mit der einen Part der Schot einen Webeleinenstek (Ziff. 41) um die andere Part.

50. Der Leesegel-Fallstek (Abb. 66)

Verwendung: Anstecken von Fallen an Spieren, die bis unmittelbar vor das Scheibegatt oder den Block geheißt werden sollen, ohne daß durch einen Spleiß oder Knoten Raum verloren geht. Der Leesegel-Fallstek hat vor dem Webeleinenstek den Vorteil, daß er von dünnen Spieren leichter zu lösen ist.

(1) Lege von *unten* 1½ Rundtörns um die Spiere und fahre *hinter* der festen Part des Falls vorbei.

Abb. 66

(2) Fahre auf der Oberkante der Spiere durch die beiden Törns und
(3) über den zweiten zurück und weiter unter dem ersten hindurch.

51. Der Balkenstek oder Zimmermannsstek (Abb. 67)

Verwendung: Anstecken eines Endes an Balken, Spieren, Bretter usw., um sie zu hieven.

Umfahre die Last und die stehende Part, dann törne den Tampen zweimal um die letzte Part des Auges.

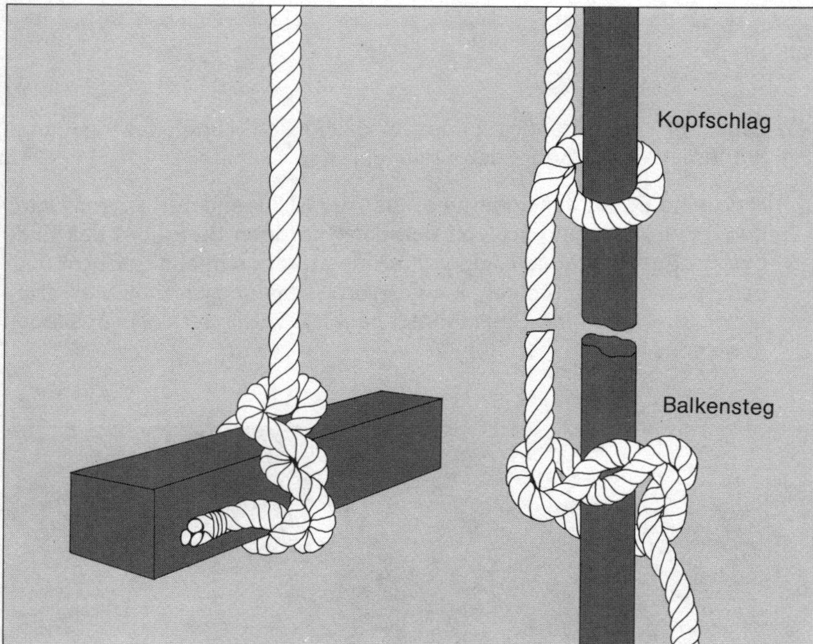

Abb. 67

52. Der Stellingstek (Abb. 68)

Verwendung: Befestigen einer Stelling (Stelling: Ein an Tauwerk aufgehängtes Brett, auf dem man während der Arbeit stehen kann, z. B. beim Malen der Außenhaut von großen Schiffen).

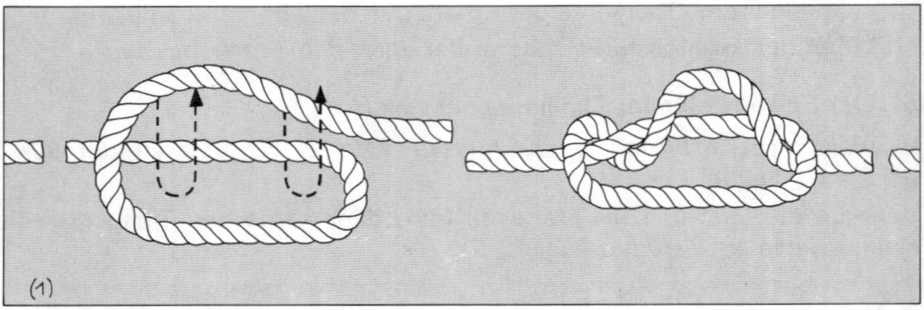

Abb. 68 (1)

(1) Lege auf die Mitte des Endes ein schmales Auge, dessen Länge größer ist als die Breite des Stellingbrettes.

(2) Hole eine Bucht der außerhalb des Auges liegenden Part von *unten* durch das Auge und schiebe den damit fertigen Stek über das Ende des Brettes, wobei das Auge *unter*, und die durchgeholte Bucht *über* das Brett zu liegen kommt. Ein Querbrett, das du zwischen die Parten der Bucht unter das Stellingbrett nagelst, verhindert das Abslippen des Endes.

Abb. 68 (2)

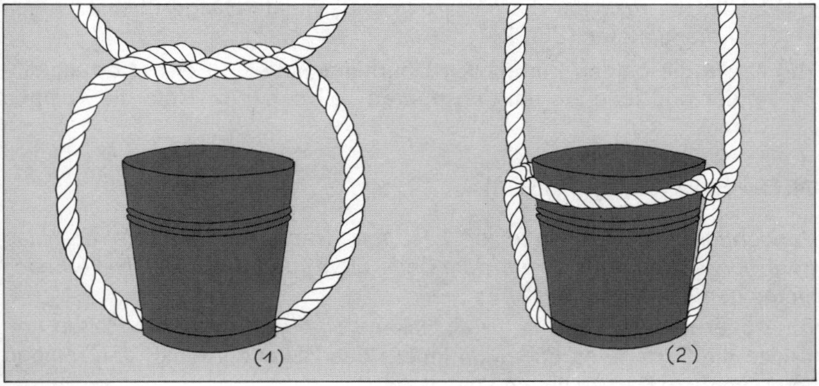

Abb. 69

53. Der Pützenstek (Abb. 69)

Verwendung: Hieven oder Aufhängen einer Pütz, einer Büchse, eines Fasses oder dergleichen.

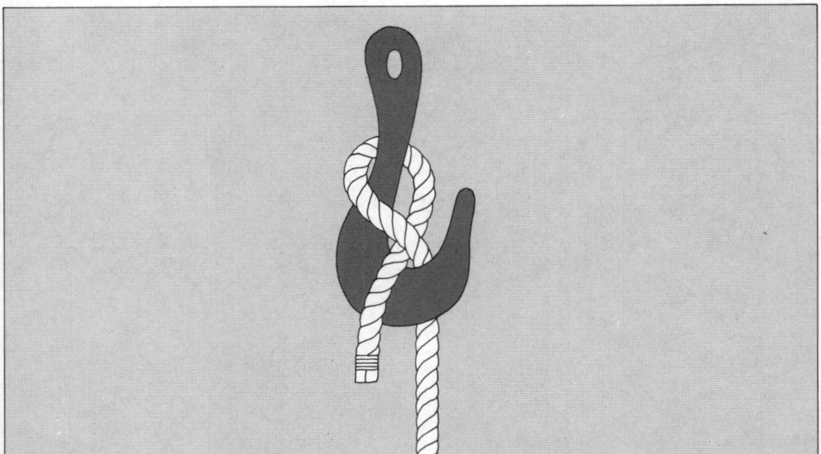

Abb. 70

(1) Stelle die Pütz auf die *Mitte* des Endes und schlage *über* ihr einen *Überhandknoten* [Ziff. 7 (1)].

(2) Nimm die beiden Parten des Überhandknotens in der Mitte auseinander und lege sie um den oberen Teil der Pütz. Hole die Tampen durch.

54. Der Hakenschlag (Abb. 70)

Verwendung: Befestigen einer Last am Kranhaken. Der Hakenschlag trägt nur, so lange Kraft auf dem Ende steht, und wenn der Haken nach hinten genügend gekröpft ist.

Lege oberhalb der Kröpfung des Hakens eine Bucht um den Haken und kreuze die Parten des Endes im Innern des Hakens so, daß der Tampen *unter* die feste Part zu liegen kommt.

55. Die kurze Trompete (Abb. 71)

Verwendung: Befestigen einer Last an einem Haken.

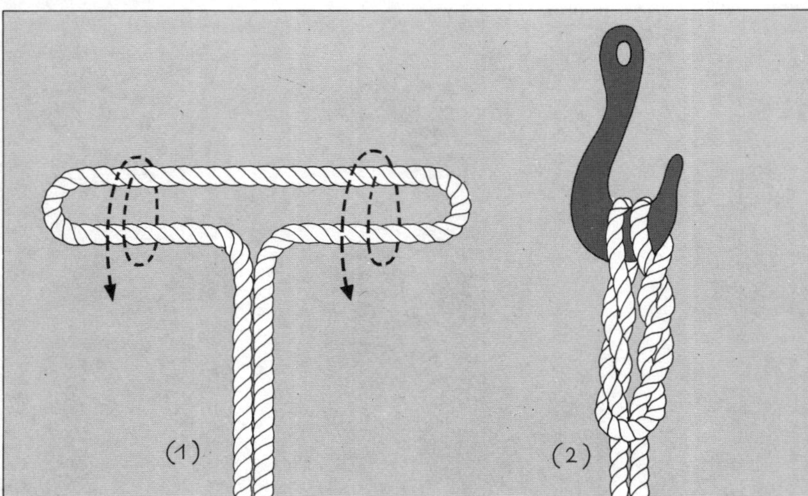

Abb. 71

(1) Lege eine Bucht in das Ende und drücke sie flach, so daß zwei symmetrische, quer zum Ende liegende Buchten entstehen (T-Form).

(2) Rolle diese beiden Buchten 3—4 Umdrehungen in das Ende ein, so daß sich dieses um die Querbuchten törnt. Stecke die beiden Querbuchten auf den Haken.

D. Knoten im Tampen

56. Der Achtknoten (Abb. 72)

Verwendung: Verhindert das Ausrauschen eines Endes durch Block oder Leitöse. Der Achtknoten gehört in den Tampen jeder Schot!

Lege ein Auge, fahre um die feste Part des Endes herum und durch das Auge zurück.

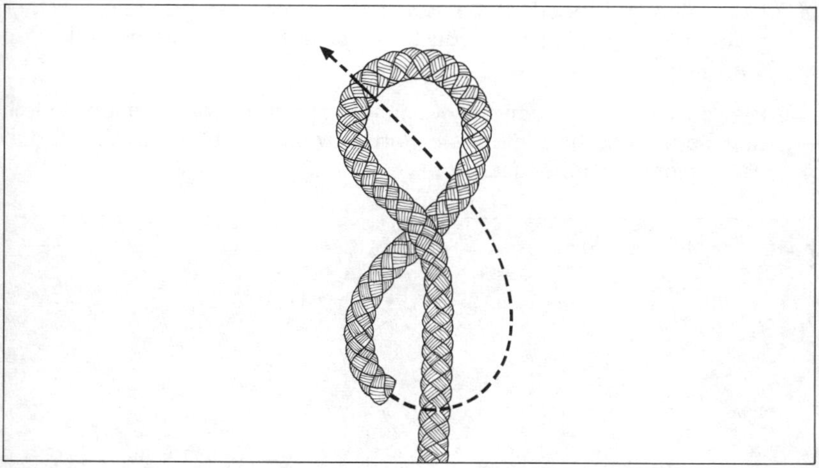

Abb. 72

57. Der Wurfleinenknoten (Abb. 73)

Verwendung: Beschweren eines Leinentampens, um ihn werfen zu können.

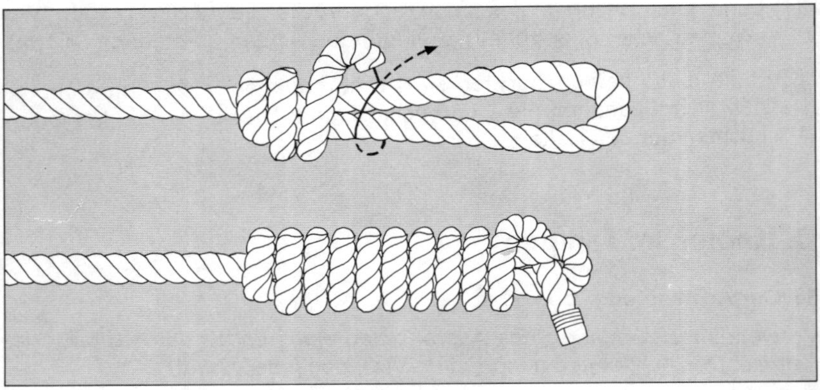

Abb. 73

(1) Lege eine genügend große Bucht und törne den Tampen von der festen Part zum Bogen der Bucht hin dicht bei dicht um beide Parten der Bucht.

(2) Bist du bei dem Bogen angekommen, so stecke den Tampen durch den Bogen und hole die feste Part so weit in die Törns hinein, daß der Tampen bekniffen ist.

Abb. 74

58. Der Marlspiekerschlag (Abb. 74)

Verwendung: Durch Anstecken an den Marlspieker kann dünnes Gut mit wesentlich mehr Kraft geholt werden, denn der Marlspieker wird als Handgriff benützt. So z. B. Ausholen der Lieken, wobei das Nockbändsel auf den Marlspieker gesteckt wird.

(1) Lege ein Auge *auf* das Bändsel und klappe es auf die feste Part des Endes.

(2) Hole eine Bucht der festen Part durch das Auge und schiebe den Marlspieker zwischen Bucht und Auge. (Der Marlspiekerschlag ist genau gleich dem Stellingstek Ziff. 52.)

59. Die Palsteke

a) Der einfache Palstek s. Ziff. 44 a!

b) Der doppelte Palstek s. Ziff. 44 b!

c) Der Bootsmannsstuhl*)

Verwendung: Sichern eines Mannes, der auf einer Yacht aufentert. Nur bestes Tauwerk verwenden!

(1) Lege in genügender Entfernung vom Tampen ein Auge auf das Ende (lose Part oben!) und auf dieses Auge in gleichem Drehsinn ein zweites, so daß eine „Spirale" entsteht.

(2) Fahre mit dem Tampen *von unten* in das Auge.

(3) Fahre mit dem Tampen (wie bei dem einfachen Palstek Ziff. 44) unter der festen Part hindurch und von außen-oben durch die beiden aufeinanderliegenden Augen. [Siehe Abb. 75 (3) (4) Seite 108!]

(4) Hole den Stek an der festen Part und am Tampen steif.

(5) Im Innern des Steks liegen nun ein kleines Auge, das den Tampen bekneift, und ein Rundtörn, der in das große Auge des Palsteks übergeht. Diesen Rundtörn hole so weit nach rechts aus dem Stek heraus, bis du 2 gleichgroße Augen hast. [Siehe Abb. 75 (5) Seite 108!]

---

*) Ein Bootsmannsstuhl ist eigentlich ein rechteckiges Brett, das mit einer vierpartigen Hahnepot an das Fall angesteckt wird, und auf dem der Mann während der Arbeit sitzt. Auf Binnenbooten pflegt ein solcher Bootsmannsstuhl nicht an Bord zu sein; an seiner Stelle wird dann der hier beschriebene Ersatz angewandt.

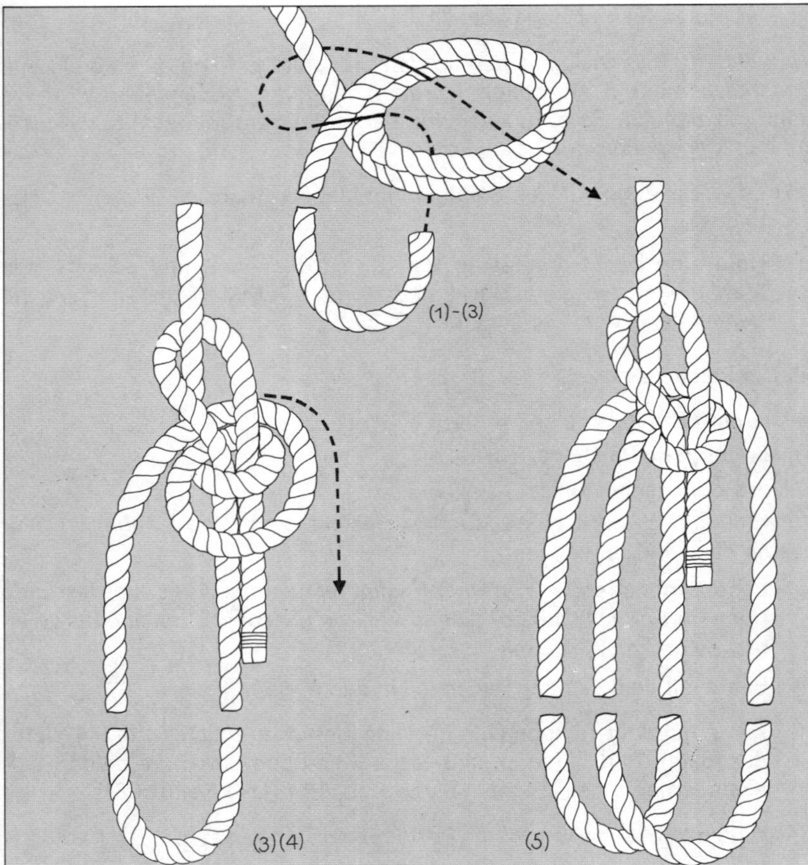

Abb. 75

Der Mann steigt in *beide* Augen hinein, so daß der Stek *vor* ihm steht, und legt das eine Auge um die Oberschenkel, so daß er darin *sitzen* kann, das andere Auge legt er um sein Kreuz, wodurch er eine *Rückenstütze* bekommt, die sein Sicherheitsgefühl wesentlich erhöht.

Sind die Augen zu groß oder zu klein, so bringe zunächst das nach Ziff. (5) aus dem Stek geholte Auge auf das richtige Maß und stecke dann das andere Auge Part für Part nach.

In den Tampen der festen Part wird ein einfacher Palstek gesteckt (Ziff. 44), der am Piekfall eingeschäkelt wird. Der Mann erfaßt mit beiden Händen *alle Fallen* (die sicher belegt sein müssen! Ebenso muß die Gaffel am Großbaum festgezurrt sein, damit das Klaufall nicht nachgeben kann!) mit Ausnahme der stehenden Part des Piekfalls und zieht sich mit Klimmzügen *selbst* hoch. Von Deck aus wird der Bootsmannsstuhl so nachgesetzt, daß der Mann ständig unterstützt ist.

E. Verkürzungssteke*)

Verwendung: Verkürzen eines zu langen Endes, auf dem Kraft steht. Ohne Kraft halten die Steke nicht.

60. Die lange Trompete (Abb. 76)

(1) Lege in das Ende ein Auge.

(2) Lege das Ende in 2 S-förmige Buchten und schiebe die dem Auge zunächstliegende Bucht durch dieses, und zwar *über* die obenliegende lose Part des Auges und *unter* die untenliegende feste Part des Auges (Kopfschlag).
Bekneife die Schnittpunkte der Parten mit Daumen und Zeigefinger der linken Hand.

(3) Lege mit der herunterhängenden Part des Endes über die herunterhängende Part der Bucht einen ebensolchen Kopfschlag und hole beide Kopfschläge steif.

*) Die Verkürzungssteke haben für den Sportsegler kaum eine Bedeutung und wurden nur aufgenommen, weil sie hübsch zum Stecken sind. Auf den alten Segelschiffen wurden sie benützt, um z. B. die Leebackstagen und Leepardunen zu verkürzen, die so viel Lose hatten, daß ihr Arbeiten im Seegang gefährlich werden mußte.

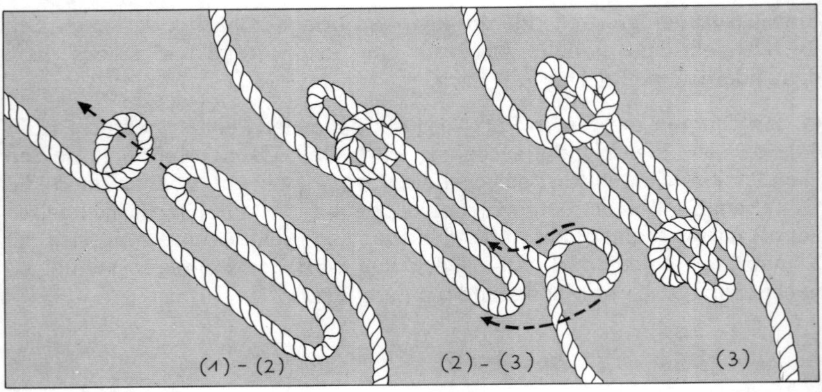

Abb. 76

61. Die englische Trompete

(1) Lege in der Hand einen Webeleinenstek (Ziff. 41c) und *auf* diesen einen zweiten, so daß *vier* Augen übereinanderliegen.

(2) Stelle das Ganze senkrecht und ergreife durch die beiden äußeren Törns die beiden mittleren Törns *über Kreuz,* also mit der linken Hand den rechten Mitteltörn, mit der rechten den linken; dann ziehe die Mitteltörns über Kreuz aus den Außentörns heraus.
Es entsteht dieselbe Trompete, wie unter Ziff. 60 beschrieben, nur, daß sie in der Mitte eine „Verzierung" hat.

XI. Taljen

62. Zweck der Taljen ist:

Große Arbeitsleistung mit geringem Kraftaufwand.
Leisten wir eine Arbeit, so wird die Größe der *Leistung* danach gemessen,

wieviel Kilogramm (kg)
um wieviel Meter (m)
in wieviel Sekunden (sec)

gehoben werden, oder bei einer nicht senkrecht nach oben gerichteten Bewegung der Last, welchem Hubweg die der Last erteilte Bewegung entsprechen würde.
Heben wir eine Last von 1 kg in 1 sec um 1 m, so ist die Leistung

1 Meterkilogramm pro Sekunde ($1 \frac{mkg}{sec}$), denn

$$\frac{1\ m \times 1\ kg}{1\ sec} = 1\ \frac{mkg}{sec} \quad \text{weil} \quad \frac{1 \times 1}{1} = 1 \text{ ist.}$$

Genau dieselbe Leistung von $1\ \frac{mkg}{sec}$ vollbringen wir mit derselben Kraft,

wenn wir 2 kg in 1 sec 0,5 m hoch heben, oder auf einen vollen Meter gebracht, 2 kg in 2 sec um 1 m heben, denn

$$\frac{0{,}5\ m \times 2\ kg}{1\ sec} = 1\ \frac{mkg}{sec} \quad \text{weil} \quad \frac{0{,}5 \times 2}{1} = 1 \text{ ist}$$

wie auch

$$\frac{1\ m \times 2\ kg}{2\ sec} = 1\ \frac{mkg}{sec} \quad \text{weil} \quad \frac{1 \times 2}{2} \text{ ebenfalls} = 1 \text{ ist.}$$

In die Praxis übersetzt heißt dies: Wenn wir ein Mittel haben, durch das die Last nur die Hälfte des Weges zurücklegt, den sie ohne dieses Mittel zurücklegen würde, so können wir eine Last heben, die doppelt so schwer ist, als der aufgewandten Kraft entspricht; allerdings benötigen wir auch die doppelte Zeit, um die Last an ihr Ziel zu bringen.

63. Seemännische Ausdrucksweise

Das Mittel, um auf Kosten des Weges und damit der Zeit Kraft zu sparen, ist an Bord neben der Winsch, dem Spill und dem gewöhnlichen Hebel (wie Pinne, Marlspieker usw.) die *Talje*, die aus Blöcken und Tauwerk besteht.

Die Rolle in einem Block heißt *Scheibe*. Es gibt *einscheibige* und *mehrscheibige* Blöcke.

Blöcke, die an einem festen Gegenstand angeschäkelt sind, und die somit ihren Standpunkt bei Arbeiten der Talje nicht verändern, heißen *feste* Blöcke bzw. Scheiben. Blöcke, die ihre Stellung mit der Bewegung der Last ändern, sind *lose* Blöcke bzw. Scheiben.

Das durch die Blöcke geschorene Ende ist der *Taljeläufer*. Die Part des Läufers, an der die Kraft angreift, ist die *holende Part*; die Part, die an der Last oder an einem festen Punkt angesteckt ist, heißt die *feste* oder die *stehende* Part.

64. Das Jolltau oder die Jolle (Abb. 77)

Eine feste Scheibe. Das Jolltau ist *keine Talje*, denn die Last bewegt sich genau um dieselbe Strecke aufwärts, um die die holende Part nach unten geholt wird. Es ergibt sich somit weder ein Weg- noch ein Zeitverlust und somit auch keine Kraftersparnis; die feste Scheibe ergibt lediglich eine *Richtungsänderung* des Läufers, durch die man z. B. eine Last von Deck aus in den Top hieven kann. (Wenn man trotzdem mit dem Jolltau größere Lasten hieven kann, als von Hand, so nur deshalb, weil man nach oben ausschließlich mit Muskelkraft holt, während man beim Holen nach unten das Körpergewicht mitarbeiten lassen kann.)

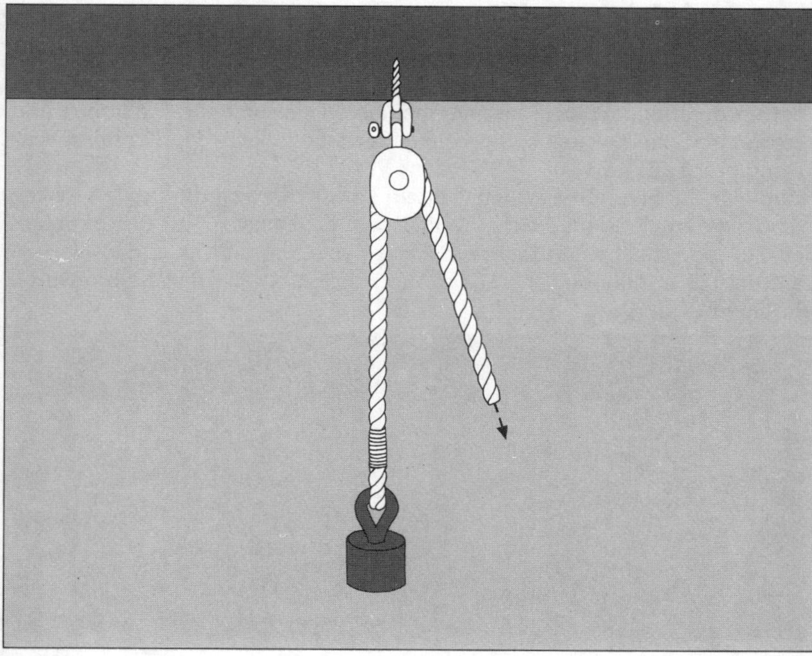

Abb. 77

Wir stellen allgemein fest:

Feste Scheiben ergeben keine Kraftersparnis, sondern dienen nur dazu, dem Läufer eine andere Richtung zu geben.

Verwendung des Jolltaus:

Fockfall, Standerleine usw., auf kleinen Booten auch Piek- und Klaufall. Auf Kleinstbooten fährt auch die Großschot durch einen festen Block an der Oberkante des Kiels, damit sich die Kraft der Hand auf eine bestimmte Zugrichtung einstellen kann, was eine gleichmäßigere Schotführung ermöglicht. Der feste Block fängt zudem durch seinen Reibungswiderstand (Ziff. 69) einen Teil der vom Segel kommenden Stöße auf, was die ruhige Schotführung weiter fördert.

65. **Der Klappläufer** (Abb. 78)

Der Klappläufer ist die kleinste echte Talje*). Er hat *eine lose* Scheibe. Die stehende Part des Läufers ist an einem festen Punkt angesteckt, die Last an dem losen Block. Im allgemeinen ist die holende Part noch über eine feste Scheibe geschoren, die jedoch bezüglich der Kraftersparnis belanglos ist (Ziff. 64).

Holen wir die holende Part um 1 m, so verkürzen sich die *beiden* Parten, zwischen denen die lose Scheibe läuft, um zusammen 1 m; das bedeutet, daß auf *jede* der beiden letzteren Parten je 0,5 m entfallen, daß also die Last um 0,5 m gehoben wird. Der Weg der Last ist somit halb so groß, wie die holende Part.

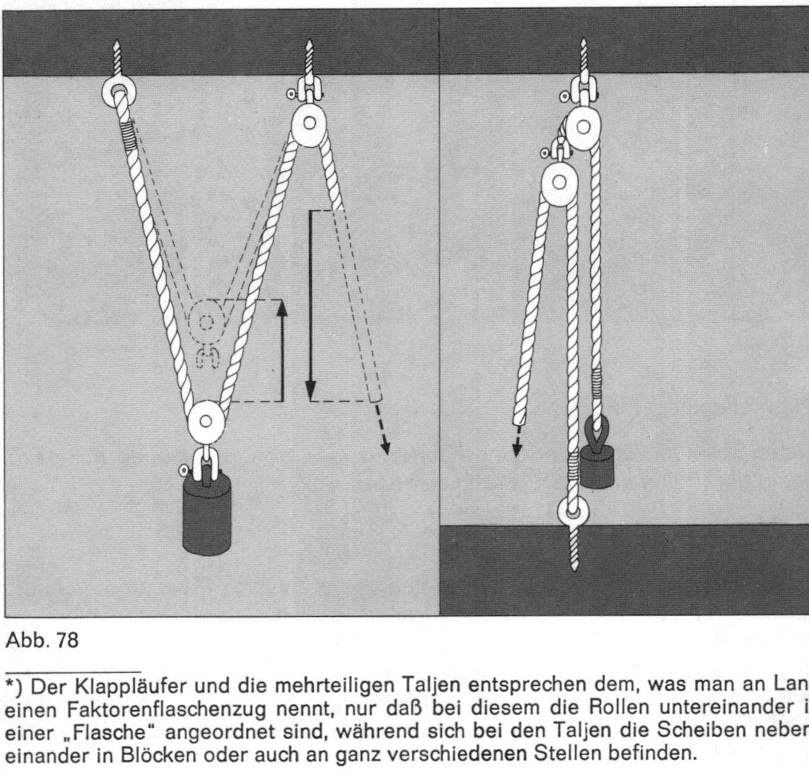

Abb. 78

*) Der Klappläufer und die mehrteiligen Taljen entsprechen dem, was man an Land einen Faktorenflaschenzug nennt, nur daß bei diesem die Rollen untereinander in einer „Flasche" angeordnet sind, während sich bei den Taljen die Scheiben nebeneinander in Blöcken oder auch an ganz verschiedenen Stellen befinden.

Wir stellen allgemein fest:
Eine lose Scheibe bedeutet den Verlust des halben Weges, also die Ersparnis der Hälfte der Kraft.

Verwendung des Klappläufers:
Piek- und Klaufall auf Yachten (Stehende Part an Deck eingeschäkelt, Hanfläufer über die lose Scheibe, an der die Last [Gaffel] mit Drahtstander angesteckt ist; der Drahtstander fährt seinerseits über eine feste Scheibe); Großschot bei kleinen Booten (feste Part am Leitwagen eingeschäkelt, loser Block an der Baumnock) und dergleichen.

66. Die zweischeibige Talje (Abb. 79)

Zwei lose Scheiben.

Wird die holende Part um 1 m geholt, so wird der restliche Läufer ebenfalls *insgesamt* um 1 m verkürzt; hiervon entfällt auf jede seiner *vier*

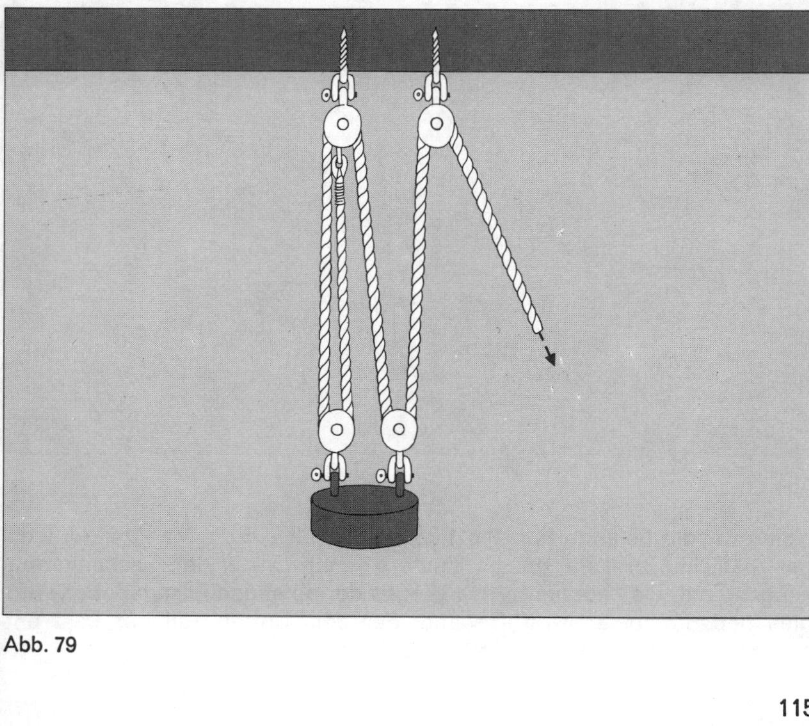

Abb. 79

Parten je ein *Viertel*, also 0,25 m, so daß die Last um 0,25 m gehoben wird. Dies bedeutet einen Kraftaufwand, der dem vierten Teil der Last entspricht, oder die Ersparnis von $^3/_4$ der Kraft.

Wir stellen allgemein fest:
Jede lose Scheibe bedeutet fortlaufend ein Halbieren des notwendigen Kraftaufwandes oder die Möglichkeit, die Last zu verdoppeln.

67. Der Tampen der stehenden Part ist an der Last angesteckt (Abb. 80)

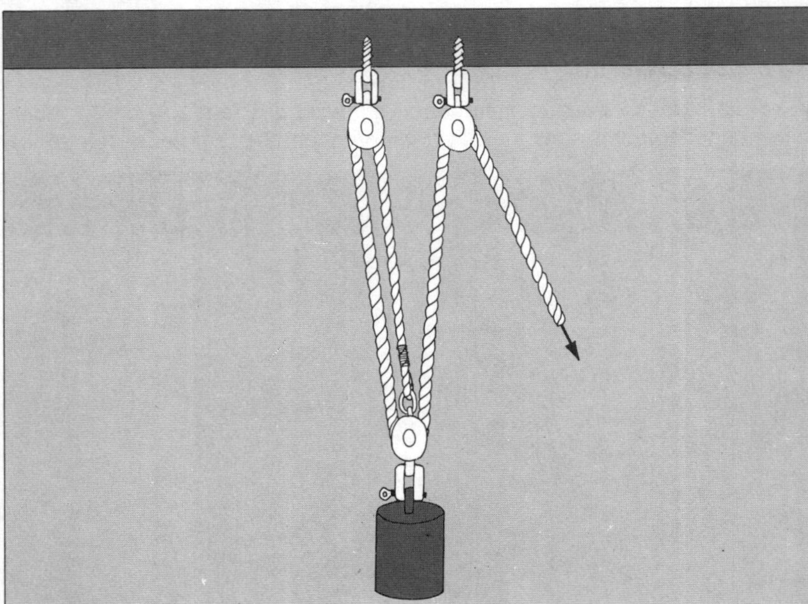

Abb. 80

Holen wir die holende Part um 1 m, so entfällt auf die Verkürzung jeder der restlichen *drei* Parten des Läufers je ein *Drittel* der Gesamtverkürzung, so daß die Last um $^1/_3$ des Weges der holenden Part gehoben wird; dies bedeutet einen Kraftaufwand, der dem dritten Teil der Last entspricht, oder die Ersparnis von $^2/_3$ der Kraft.

Wir stellen allgemein fest:
Ist bei einer Talje die stehende Part an der Last angesteckt, so hat dies zusätzlich die h a l b e Wirkung einer losen Scheibe.

68. Zusammenstellung der Wirkung von mehrscheibigen Taljen

Ohne Berücksichtigung des Kraftverlustes durch den Reibungswiderstand der Blöcke (Ziff. 69), sowie unter der Voraussetzung, daß die Parten des Läufers parallel zueinander fahren (Ziff. 70), halten sich folgende Lasten und Kräfte das Gleichgewicht:

(1)

lose Scheiben	stehende Part	Kraft	Last
1	fest	1/2	doppelt
1	an der Last	1/3	dreifach
2	fest	1/4	vierfach
2	an der Last	1/5	fünffach
3	fest	1/6	sechsfach
3	an der Last	1/7	siebenfach

und so weiter.

(2) Oder: die Last, der mit der zur Verfügung stehenden Kraft das Gleichgewicht gehalten wird, ist gleich der Kraft, multipliziert mit der doppelten Anzahl der losen Scheiben; ist die stehende Part an der Last angesteckt, so ist zu der doppelten Anzahl der losen Scheiben noch die Zahl 1 zu addieren.

(3) Oder: die Last, der mit der zur Verfügung stehenden Kraft das Gleichgewicht gehalten wird, ist gleich der Kraft, multipliziert mit der Anzahl der Parten, an denen die Last hängt.

69. Der Reibungswiderstand

Der Kraftverlust durch den Reibungswiderstand der Blöcke und durch die Starrheit des Läufers beträgt je nach Pflege und Zustand der Blöcke und Starrheit des Läufers etwa 5—25 %, was bei der Zusammenstellung von Taljen berücksichtigt werden muß.

70. Nicht parallel geschorene Läufer (Abb. 81 und 82)

Beim Scheren einer Großschot müssen die losen Scheiben über den Großbaum verteilt werden, da das Angreifen der Kraft an *einem* Punkt ein Durchbiegen des Großbaums zur Folge hätte. Dies ist ein Fall, in dem die Parten einer Talje *nicht* parallel fahren.

In einem solchen Falle entspricht der Hubweg der Last nur der *Projektion* des Weges der stehenden Parten (Abb. 81); es geht also ein Teil der aufgewandten Kraft verloren. Die Größe dieses Verlustes ist abhängig

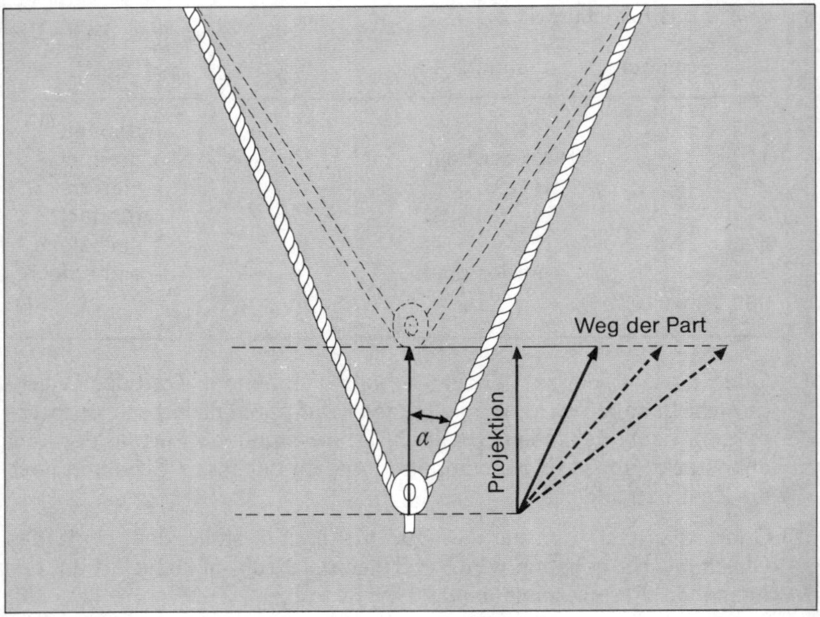

Abb. 81

von dem *Winkel*, den die einzelnen über lose Scheiben fahrenden Parten mit der *Hubrichtung* bilden. Nehmen wir den Wert jeder einzelnen an der Last angreifenden Part mit 1 an (Ziff. 68 c), so ist der Wert der nicht in Hubrichtung fahrenden Parten jeweils gleich dem cos des Winkels, den sie mit der Hubrichtung bilden, nämlich

bei einem Winkel von 0° = 1,000
bei einem Winkel von 10° = 0,985
bei einem Winkel von 20° = 0,940
bei einem Winkel von 30° = 0,866
bei einem Winkel von 40° = 0,766
bei einem Winkel von 50° = 0,643
bei einem Winkel von 60° = 0,500
bei einem Winkel von 70° = 0,342
bei einem Winkel von 80° = 0,174
bei einem Winkel von 90° = 0,000

Diese Tabelle und ihre graphische Darstellung (Abb. 82) ergeben, daß bei einem Winkel von 0° der volle Wert 1 für jede Part verbleibt, wie

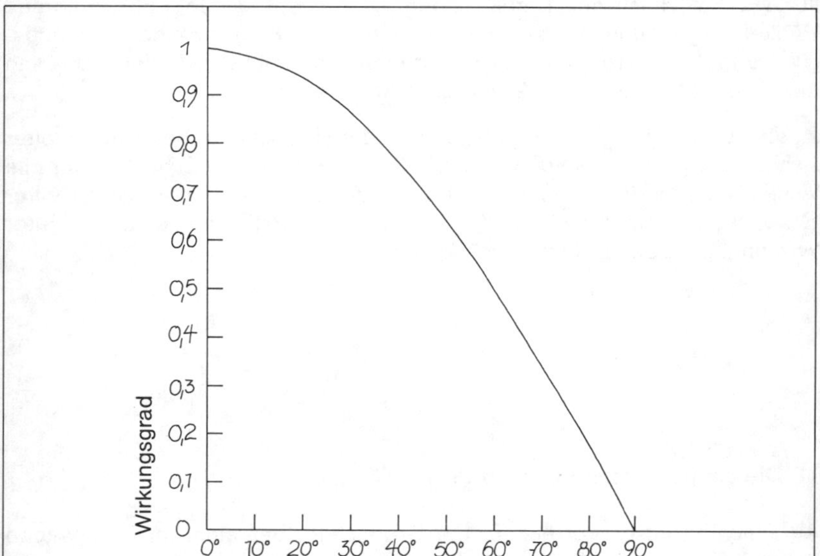

Abb. 82

wir schon festgestellt haben, während bei einem Winkel von 90°, also quer zur Hubrichtung, eine Bewegung der Last nicht mehr verursacht wird, was ohne weiteres einleuchtet. Zwischen diesen Extremen nimmt die Wirkung jeder Part mit wachsendem Winkel zuerst langsam, dann rascher ab, bis sie bei 60° = 0,5 wird; dies bedeutet, daß diese Part als kraftersparender Teil der Talje *wirkungslos* geworden ist: Zwei Parten, von denen jede mit der Hubrichtung einen Winkel von 60° bildet, ergeben zusammen eine Wirkung von 2 x 0,5 = 1, also keine Kraftersparnis mehr. Werden die Winkel größer als 60°, so bekommen wir sogar eine negative Wirkung der Parten, d. h. wir müssen noch Kraft zusetzen.

Beim Scheren einer Großschot empfiehlt es sich also darauf zu achten, daß

1. die Winkel zwischen je zwei über eine lose Scheibe fahrenden Parten und der Hubrichtung *gleich* sind, denn es ergeben z. B. 2 Winkel von je 40° (= 80°) nach der Tabelle einen Wirkungsgrad von 1,532, während Winkel von 30° und 50° (zusammen ebenfalls = 80°) nur einen Wirkungsgrad von 1,509 ergeben. Bei dichtgeholten Schoten muß der Schotring also in der Mitte zwischen 2 Decksblöcken stehen;

2. die Winkel zwischen den Parten und der Hubrichtung bei dichtgeholter Schot nicht größer als 40° werden. Mit dem Fieren der Schot werden die Winkel fortschreitend kleiner und somit günstiger, aber bei dichtgeholter Schot ist die auf ihr stehende Kraft am größten, und somit ein guter Wirkungsgrad der Talje am wichtigsten.

71. Die doppelt geschorene Großschot (Abb. 83)

Auf Yachten ist es vorteilhaft, die Großschot über einen am Dirkwagen querschiffs angesteckten einscheibigen Block auf beiden Seiten des Bootes *symmetrisch* zu scheren. In Abb. 83 ist dies in vereinfachter Form (nur 3 lose Scheiben!) schematisch dargestellt: 1 einscheibiger Block am Dirkwagen, 1 zweischeibiger Block am Leitwagen, 2 einscheibige Blöcke am Schotring, 2 einscheibige Blöcke an Deck.
Steht *viel Kraft* auf der Schot (dichtgeholte Schoten oder starker Winddruck), so wird die *Leeschot* belegt und mit der Luvschot allein gearbeitet.

(Es muß mit der Luvschot gearbeitet werden, weil ihre Partenwinkel kleiner sind, als die der Leeschot, und weil sie zudem das Segel weniger nach unten reckt, als die Leeschot.) Beim Holen werden 3 lose Scheiben wirksam

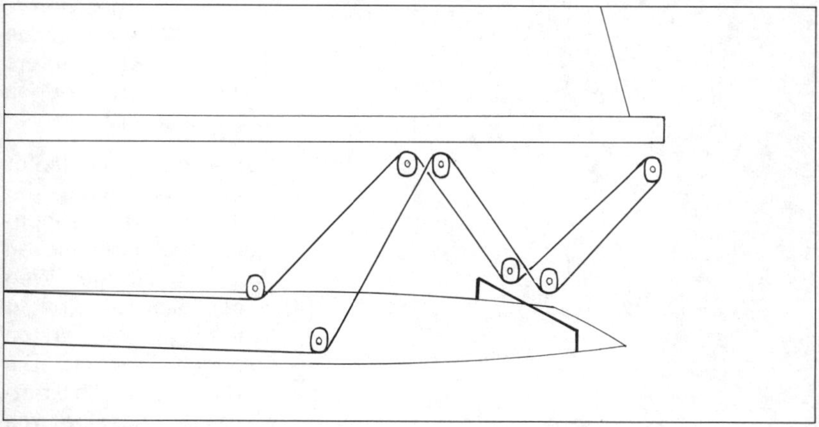

Abb. 83

(2 am Schotring, eine am Dirkwagen) und wir benötigen (ohne Berücksichtigung der Divergenz der Parten) 1/6 der Kraft, die der Last entspricht. Steht *wenig Kraft* auf der Schot (gefierte Schoten oder geringer Winddruck), so arbeiten wir mit beiden Parten *zugleich*. Hierdurch wirken die symmetrisch geschorenen Parten wie eine einzige Part: Die Scheibe an der Baumnock ist ausgeschaltet und wirkt, als ob die Schot an der Baumnock (Last!) angesteckt wäre, und die nebeneinander am Schotring angeschäkelten Blöcke wirken wie ein einziger. Wir haben also eine einscheibige Talje mit an der Last angesteckter stehender Part und benötigen jetzt zwar 1/3 der Kraft (gegenüber 1/6 bei Arbeiten mit nur einer Schot!), können dafür aber doppelt so schnell holen.
Bei der üblichen Verwendung von 5 losen Scheiben haben wir bei dem Arbeiten mit der Luvschot allein 1/10 der Kraft aufzuwenden, bei dem Arbeiten mit beiden Schoten gleichzeitig dagegen 1/5. Wir ersparen also, wenn wir bei wenig Kraft auf der Schot mit beiden Parten arbeiten, immer die Hälfte der Zeit, um das Großzeug dicht zu bekommen, was bei langen Schoten sehr wesentlich ist.

72. Takel und Mantel*) (Abb. 84)

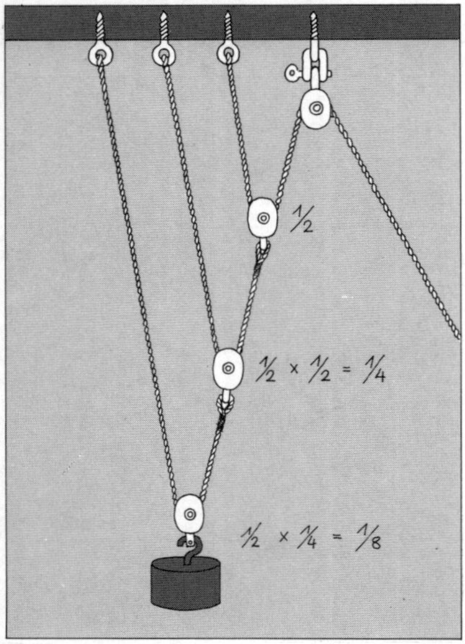

Abb. 84

Es werden drei oder mehr Klappläufer so *hintereinander* geschoren, daß jeweils die holende Part jedes Klappläufers am Lastbock des vorigen angesteckt wird.

Der erste Klappläufer halbiert den Weg der Last, der zweite Klappläufer halbiert diesen Weg, so daß der Weg seiner losen Scheibe $^1/_4$ des Weges der ersten holenden Part ist. Bis hierhin ist also die Kraftersparnis dieselbe wie bei einer zweischeibigen Talje.

Der dritte Klappläufer halbiert aber wiederum den Weg des zweiten, so daß der dritte Lastblock nur $^1/_8$ des Weges der holenden Part zurücklegt, zum Unterschied von $^1/_6$ bei der dreischeibigen Talje.
Bei Takel und Mantel ist der Weg der Last also = 1 durch 2 *hoch* Anzahl der losen Scheiben.
Ein Vergleich mit den Taljen sieht folgendermaßen aus:

lose Scheiben	Takel und Mantel	Talje
1	—	$^1/_2$
2	$^1/_4$	$^1/_4$
3	$^1/_8$	$^1/_6$
4	$^1/_{16}$	$^1/_8$
5	$^1/_{32}$	$^1/_{10}$
6	$^1/_{64}$	$^1/_{12}$

*) Entspricht dem, was man an Land einen Potenzflaschenzug nennt.

XII. Fancywork

Wollte man das Wort „Fancywork“ (sprich „Fenßiwörk“) vollkommen treffend übersetzen, so müßte man sagen „aus Liebhaberei gefertigte ornamentale Fantasie-Handarbeiten“. Fancywork ist Luxus, und das nicht wegen des materiellen Wertes dieser Arbeiten, sondern wegen ihrer Nutzlosigkeit und der Zeit, die man trotzdem aufwendet, um ein besonders schönes Messer- oder Pfeifenbändsel anzufertigen, das man dann gar nicht benützt.

Es ist ein überaus wohltuender Ausgleich gegenüber unserer rationalistischen und mechanisierten Zeit, wenn wir uns mit diesen kunstvollen seemännischen Handarbeiten abgeben, von denen wir nichts haben, als die Befriedigung, die uns das eigene Können gibt, und das ungewohnte Gefühl, Zeit zu haben, wie die Fahrensleute auf den alten Windjammern Zeit hatten, wenn sie bekalmt lagen und sich diesem Fancywork mit Liebe, Fantasie und Ausdauer widmeten. Diese Kunst sollten die Sportsegler nicht in Vergessenheit geraten lassen.

Die nachstehend beschriebenen Fancyknoten und Plattings sind nur die Elemente des Fancyworks. Kombinationen beschreiben, hieße dem Fancywork seinen Reiz nehmen, der in der Möglichkeit und Notwendigkeit besteht, die eigene Erfindungsgabe und Fantasie zu betätigen. Beide haben hier ein weites Feld!

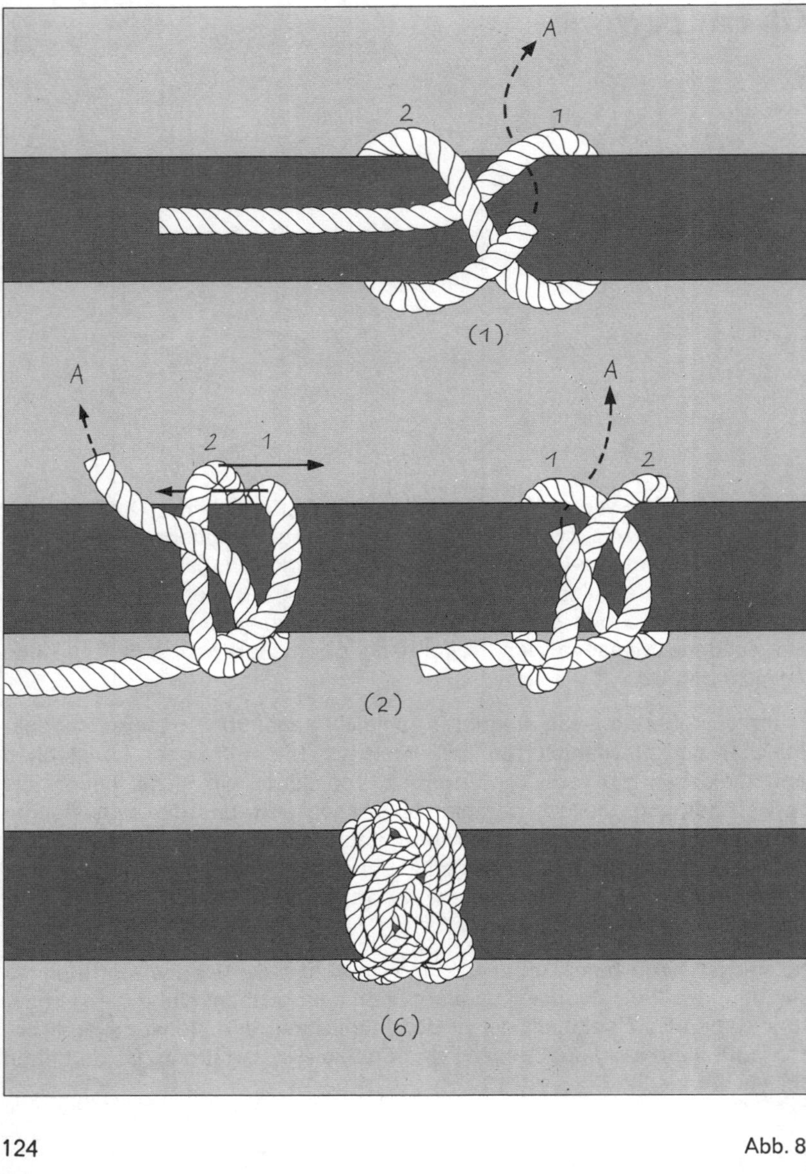

Abb. 85

73. **Der türkische Bund** (Abb. 85)

Verwendung: Als kunstvolle Fender vor den Flanschen des Leitwagens, die das harte Anschlagen des Großschotblocks auffangen, als Bund an den Riemen, wo sie in den Dollen liegen, als Sicherung am Ende des Tweidelstiels, damit er nicht durch die Hand slippt, als Schlaufe über der Bucht des Pfeifenbändsels, um diese am Jackettknopf festzusetzen. Es gibt unzählige Verwendungsmöglichkeiten, und die Seglerin kann den türkischen Bund sogar als Armband tragen.

(1) Lege das Rundholz oder den Gegenstand, um den der türkische Bund gesteckt werden soll, *quer* vor dich. Lege das genügend lange Bändsel (du brauchst eine Menge Material!) der Länge nach auf das Rundholz und fahre um das Rundholz von dir weg 2 Rundtörns, die sich kreuzen wie aus der Abb. 85 (1) ersichtlich. Stecke den Arbeitstampen (A) unter die *untere* Part des Rundtörns (Part 1) von außen nach innen hindurch und lasse allen Törns so viel Lose, daß du den Tampen noch sechsmal unter ihnen durchstecken kannst.

(2) Schiebe Part 2 (linke Part) nach rechts *über* Part 1 und fahre wieder mit dem Arbeitstampen (A) von außen nach innen unter der jetzt linksliegenden Part 1 hindurch.

(3) Schiebe wieder Part 2 (jetzt rechtsliegend) *über* Part 1 und fahre wieder mit dem Arbeitstampen von außen nach innen unter Part 1 hindurch.
Merke! Bei dem Übereinanderschieben der Parten bleibt Part 2 immer oben! Der Arbeitstampen fährt immer von außen nach innen und unter die immer untenliegende Part 1, also abwechselnd von rechts nach links und umgekehrt!

(4) Fahre so fort, bis du wieder am Anfang angekommen bist. Hast du keinen Fehler gemacht, so fährt der Arbeitstampen parallel zum Anfangstampen zwischen den beiden Parten, aus denen der Anfangstampen heraussieht. Tut er das nicht, so suche nicht den Fehler, sondern fange noch einmal von vorne an.

(5) Fahre mit dem Arbeitstampen parallel zum Anfangstampen so lange weiter, bis alle Parten *dreifach* nebeneinander fahren. Achte, daß sich die parallelen Parten nirgends kreuzen!
Gegen Ende wirst du den Marlspieker verwenden müssen, um noch durchstecken zu können!

(6) Kappe die Tampen und verstecke sie zwischen zwei Parten des Bundes.

74. Der Hohenzollernknoten (Abb. 86)

Verwendung: Zierknoten in Bändseln, besonders in Pfeifenbändseln, da die Bucht auf den Jackettknopf geknöpft werden kann.

(1) Nimm das Bändsel *doppelt* [in Skizze (1) ist es der größeren Deutlichkeit wegen nur einfach gezeichnet, und auch beim Üben empfiehlt es sich, zunächst ein einfaches Bändsel zu verwenden] und lege es auf die flache linke Hand; bekneife den Tampen zwischen Daumen und Zeigefingerwurzel.

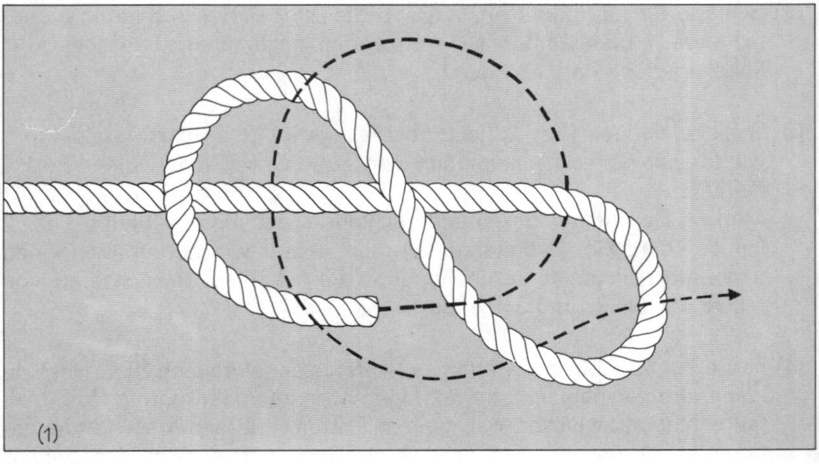

Abb. 86 (1)

Lege das Bändsel weiter, wie folgt:

Zwischen 3. und 4. Finger — um den kleinen Finger — zurück zwischen 4. und 3. Finger — über den Anfangstampen hinweg um den Zeigefinger — zwischen 4. und 5. Finger.

(2) Stecke den Tampen von oben durch die Bucht, die um den 5. Finger liegt — fahre über der dort liegenden Bucht zwischen 3. und 2. Finger hindurch, wobei du den unter der Bucht liegenden Anfangstampen *unterfährst,* und stecke den Tampen von unten nach oben durch die Bucht, die um den kleinen Finger liegt.
Hebe den Knoten von den Fingern ab und hole ihn Part für Part so steif, wie es das Gut erlaubt, wobei du darauf achtest, daß die doppelt fahrenden Parten schön parallel zu liegen kommen.

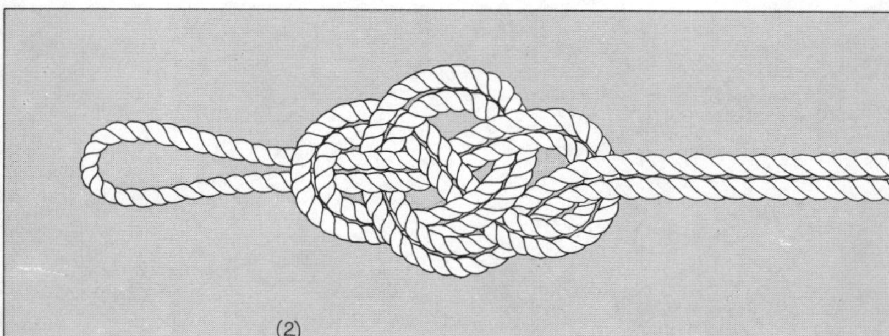

Abb. 86 (2)

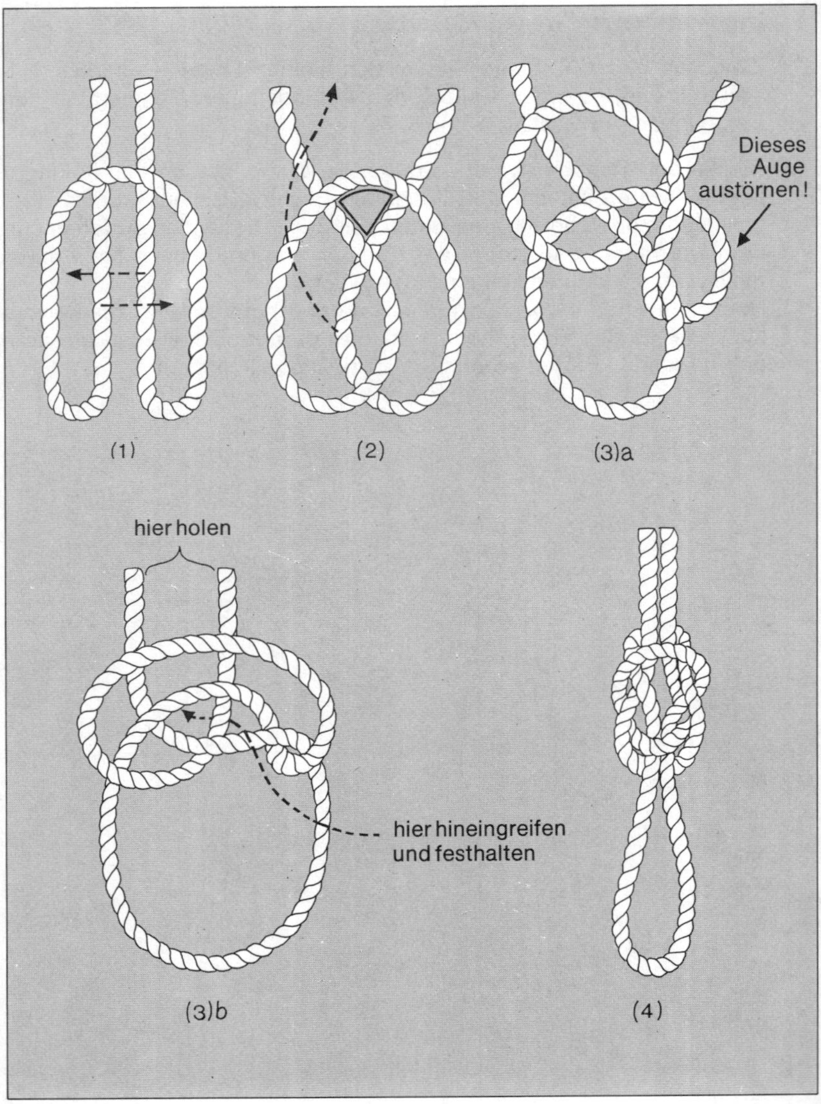
Dieses
Auge
austörnen!
(1)
(2)
(3)a
hier holen
hier hineingreifen
und festhalten
(3)b
(4)

Abb. 87

75. Der Bootsmannsmaatenknoten (Abb. 87)

Verwendung: Zierknoten zum Verschließen einer Bucht, wie z. B. am Marlspiekerbändsel, damit dieses um den Hals gehängt werden kann.

(1) Lege das Ende mit einer Bucht so auf die linke Handfläche, daß die Bucht zu dir hin geschlossen ist; klappe die Bucht auf die beiden Parten des Endes und bekneife die Kreuzungsstelle mit dem Daumen der linken Hand. (Mache diese Figur nicht zu groß! Der umgeklappte Teil der Bucht soll etwa 7 cm lang sein.) Du hast jetzt 4 Parten auf der Handfläche liegen, von denen du die beiden inneren so kreuzt, daß die linke oben zu liegen kommt. Es entsteht zwischen den gekreuzten Innenparten und dem Bogen der Bucht ein *Dreieck*, das du mit dem Daumen der linken Hand im Ganzen bekneifst.

(2) Klappe die jetzt linksliegende der beiden gekreuzten Parten nach oben über das Dreieck und bekneife sie ebenfalls. Hierbei entstehen ein oder zwei Augen; wenn zwei Augen entstehen, so törne das rechte Auge aus, so daß nur ein Auge übrigbleibt.

(3) Greife an der mit Pfeil bezeichneten Stelle unter das Auge und erfasse mit Daumen und Zeigefinger der rechten Hand die durch das Auge fahrende Part der großen Bucht; mit Daumen und Zeigefinger der linken Hand erfaßt du die beiden aus der Figur herausfahrenden Tampen. Während du die rechte Hand unbeweglich hältst, holst du jetzt mit der linken Hand beide Tampen sinnig von dir weg, wobei du die einzelnen Parten der Figur nicht daran hindern darfst umzukippen.

(4) Sind die Buchten des Knotens gekippt, so kontrollierst du, bevor du den Knoten steifholst, ob die Parten symmetrisch liegen und korrigierst Abweichungen durch Holen der rechten Buchtpart bzw. durch Holen des linken Tampens. Um der Bucht die gewünschte Größe zu geben, schiebe den linken Tampen in den Knoten hinein und hole ihn Part für Part durch, wobei du den Knoten mit der linken Hand so bekneifst, daß er seine Form nicht verliert.

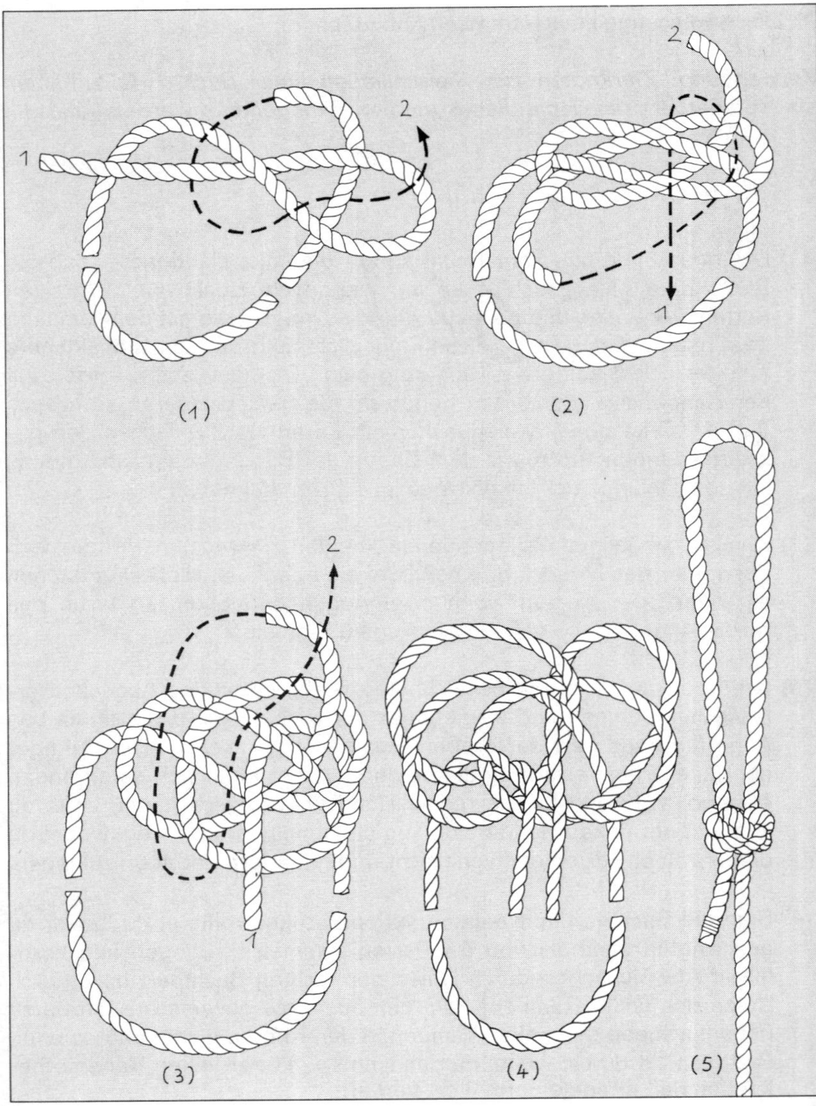

Abb. 88

76. Der zweipartige Diamantknoten (im laufenden Ende) (Abb. 88)

Verwendung: Zierknoten zum Verschließen einer Bucht, z. B. am Marlspiekerbändsel, damit dieses um den Hals gehängt werden kann, oder als Zierknoten in Fancybändseln.

(1) Halte die linke Hand mit der Handfläche zu dir gerichtet und bekneife den kurzen Anfangstampen des Bändsels von dir wegweisend zwischen 2. und 3. Finger der linken Hand. Lege den auf dich zulaufenden langen Tampen des Bändsels wie folgt:
Zwischen 3. und 4. Finger — um den 5. Finger — zwischen 4. und 3. Finger — *unter* dem Anfangstampen hindurch um den Daumen; stecke den Tampen weiter zwischen 4. und 5. Finger *unter* der um den 5. Finger liegenden Bucht hindurch und fahre wieder *unter* dem Anfangstampen hindurch um den Zeigefinger; nun fahre zwischen 4. und 5. Finger hindurch und zwar *über* der um den 5. Finger liegenden Bucht, aber *unterfahre* hierbei die unter dieser Bucht zwischen 4. und 5. Finger liegende Part.
Die um den Daumen liegende Bucht ist diejenige Bucht, die um den Hals gehängt werden soll; wenn du jetzt den Knoten von den Fingern abhebst und ordnest, so gib dieser Bucht die richtige Größe!

(2) Fahre mit dem Tampen 1, wie durch Pfeil angezeigt, um die Figur herum und achte, daß der Tampen zwischen das rechte Auge der Figur und die rechte Part der großen Bucht zu liegen kommt; dann stecke den Tampen von unten nach oben durch die rautenförmige Mitte der Figur.

(3) Fahre mit dem Tampen 2, ebenfalls wie durch Pfeil angezeigt, um die Figur herum und achte, daß er zwischen das linke Auge der Figur und die linke Part der großen Bucht zu liegen kommt; dann fahre auch mit diesem Tampen von unten nach oben durch die rautenförmige Mitte der Figur.

(4) Hole die Parten sinnig dicht, so daß eine kleeblattartige Figur entsteht, und ordne diese. Nimm die beiden Parten der großen Bucht zusammen und forme die Figur über ihnen zu einer Kugel.

(5) Hole zunächst die beiden Tampen und dann die beiden Parten der großen Bucht sinnig durch. Haben einzelne Parten des Knotens noch zu viel Lose, so hole die Lose Part für Part durch.

Willst du den Knoten im Anschluß an eine Platting oder dergleichen in parallele Parten eines Zierbändsels stecken, so fahre, wie in Abb. 89 angegeben, zunächst mit der linken Part einen „Violinschlüssel", und dann mit der rechten Part, wie der Pfeil zeigt.

Abb. 89

Dann fahre fort, wie oben unter Ziff. (2) — (5) beschrieben. Der Knoten kann auch mit doppeltem Bändsel gesteckt werden.

77. Die Hahnenpfote und der Taljereepsknoten

Verwendung: Diese beiden Knoten sind die Elemente der nachfolgenden Zierknoten.

a) Die Hahnenpfote

Die Ausführung ist unter Ziff. 9 (Der Rückspleiß oder spanische Takling) ausführlich beschrieben.

b) Der Taljereepsknoten (Abb. 90)

(1) Lege Buchten, wie bei der Hahnenpfote, aber stecke die Kardeele nicht von oben nach unten, sondern *von unten nach oben* durch die Buchten.

Abb. 90

(2) Ordne die Kardeele, indem du sie einzeln in Richtung der Verlängerung des Endes aus dem Knoten heraus steifholst.

Achte! Kein Kardeel darf sich mit der Kardeelpart, die mit ihm aus derselben Bucht fährt, kreuzen! Die Kardeele liegen durchweg *links* von der Part, die weiterfährt!

78. Der doppelte Taljereepsknoten (Abb. 91)

(1) Stecke einen einfachen Taljereepsknoten (Ziff. 77 b) und ordne die Kardeele wie dort unter (2) beschrieben.

(2) Stecke jedes der Kardeele, die oben aus dem Knoten herausfahren, *über* der Kardeelpart, die mit ihm aus derselben Bucht herausfährt, und parallel zu dieser durch die nächste Bucht.

Achte! Jedes Kardeel wird nur *einmal* durchgesteckt! Bevor du das 2., 3. und vielleicht 4. Kardeel durchsteckst, *kontrolliere* jedesmal, ob du auch wirklich ein Kardeel in der Hand hast, das vor der letzten Bucht einzeln (2. Kardeel!) oder unten (3. und 4. Kardeel!) fährt!

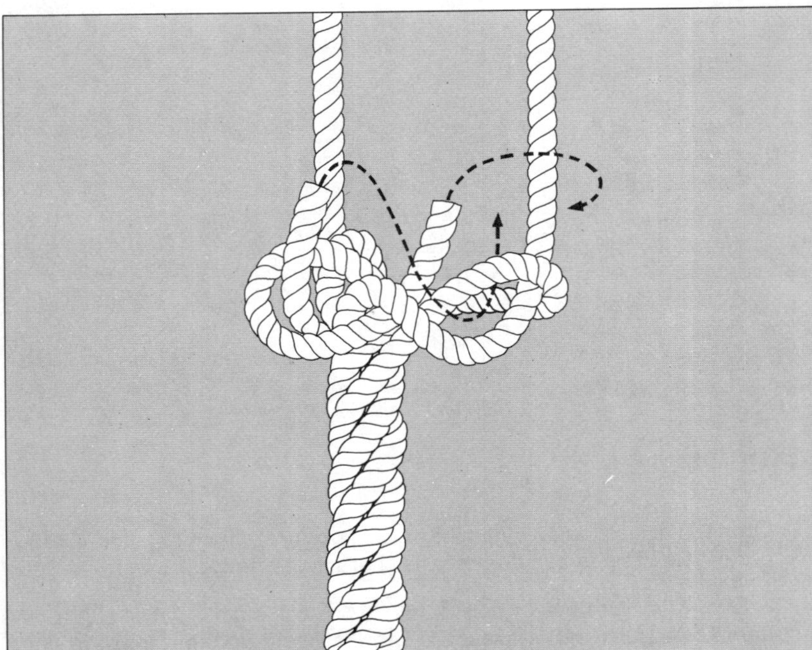

Abb. 91

(3) Verwendest du den doppelten Taljereepsknoten am Tampen, so drehe die Kardeele vom Knoten ab wieder zu einem Ende zusammen, setze einen Takling (Ziff. 1) auf und kappe die Kardeele über dem Takling.

Ein guter Rat!

Willst du dir großen Kummer ersparen, so gehe an die nächsten Knoten nicht heran, bevor du nicht den doppelten Taljereepsknoten spielend nachsteckst! Die folgenden Knoten können dir nicht gelingen, so lange du nicht bei dem zweiten Durchstecken mit Sicherheit die richtigen Kardeele durch die richtigen Buchten fahren läßt, ohne daß sie sich mit den zu ihnen parallel fahrenden Parten kreuzen! Und vor allem: *Übe* die nachfolgenden Knoten nicht mit synthetischem Tauwerk, bei dem das Bild wesentlich unübersichtlicher ist als bei Gut aus Pflanzenfasern!

79. Der Fallreepsknoten

Stecke einen Taljereepsknoten und über diesen eine Hahnenpfote (Ziff. 77).
Jedes Kardeel fährt *über* einen Kardeelanfang aus dem Knoten; lasse es dieser Anfangspart folgen und stecke zunächst jedes Kardeel entlang der unter ihm liegenden Part des Taljereepsknotens *einmal* durch; dann stecke jedes Kardeel noch einmal entlang der zu ihm gehörenden Part der Hahnenpfote durch und *achte,* daß sich Parten, die parallel fahren sollen, nicht kreuzen!
Hole die Lose aus dem Knoten (Part für Part!), kappe die Tampen (nicht zu kurz!) und verstecke sie im Innern des Knotens.

80. Der Stopperknoten

Stecke eine Hahnenpfote, hole sie steif und stecke über sie einen Taljereepsknoten, der jedoch beim Dichtholen *unter* die Hahnenpfote zu liegen kommt. Die Kardeele fahren nach oben aus dem Knoten und müssen *links* von der Part liegen, die mit ihnen aus der Bucht fährt. Laß jedes Kardeel dieser Nachbarpart folgen, indem du zuerst jedes Kardeel durch die nächste Bucht der obenliegenden Hahnenpfote steckst, und dann ebenso jedes Kardeel durch die entsprechende Bucht des untenliegenden Taljereepsknotens.
Achte, daß die Parten beim Durchstecken parallel fahren und sich nirgends kreuzen!
Hole die Lose aus den Parten, kappe die Tampen nicht zu kurz und verstecke sie im Innern des Knotens.

81. Der einpartige Diamantknoten (im Tampen) (Abb. 92)

(1) Lege die aufgedrehten Kardeele am Tampen entlang zurück, so daß *senkrechte* Buchten entstehen. Bekneife die Kardeele so am Tampen, daß die Buchten sicher stehen.

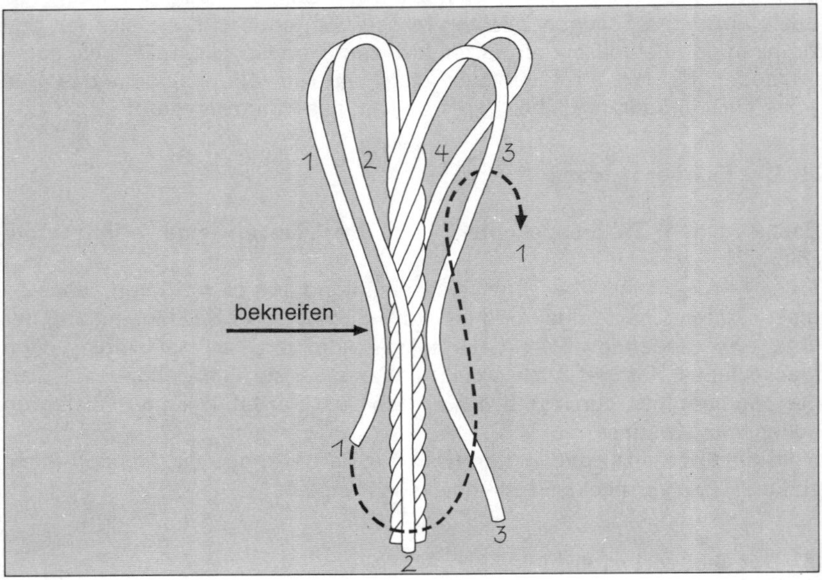

Abb. 92

(2) Fahre mit einem Kardeeltampen, ohne die bekniffenen Kardeele loszulassen, entgegen dem Uhrzeigersinn *über das nächste Kardeel hinweg* und durch die Bucht des *übernächsten* Kardeels.
Verfahre mit den restlichen Kardeelen ebenso.

(3) Hole die Kardeele durch, aber nicht steif; ordne sie und *kontrolliere,* ob eine vollkommen symmetrische Figur entstanden ist, die aus einer mit einem Taljereepsknoten verschlungenen Hahnenpfote besteht!

(4) Hole die Kardeele ganz durch und stülpe den Knoten hierbei nach oben. *Kontrolliere,* ob der jetzt obenauf liegende Taljereepsknoten fehlerfrei ist!

(5) Setze auf das Ganze noch eine Hahnenpfote. Ordne diese so, daß jeder Kardeeltampen *über* seinen eigenen Anfang zu liegen kommt, also über die Part, mit der das Kardeel anfangs aus dem Ende fährt.

(6) Stecke jedes Kardeel entlang diesem seinem Anfang, und ohne diesen zu kreuzen, einmal durch; wiederhole dasselbe noch zweimal, wonach alle Tampen oben aus dem Knoten herausfahren müssen.

(7) Kappe die Tampen nicht zu kurz und verstecke sie im Innern des Knotens.

82. Der Rosenknoten

(1) Stecke in einen *vierkardeeligen* Tampen eine Hahnenpfote, über diese einen Taljereepsknoten und auf diesen nochmals eine Hahnenpfote.

(2) Stecke jedes Kardeel entlang der Part des in der Mitte liegenden Taljereepsknotens, über der es aus der Hahnenpfote herausfährt, einmal durch, ohne daß die parallel laufenden Parten sich kreuzen. Es ist dies nicht ganz leicht, aber du kannst es dir erleichtern, indem du mit den Kardeelen nicht, wie sonst üblich, reihum arbeitest, sondern nach dem Durchstecken des ersten Kardeels das gegenüberliegende nimmst. Außerdem achte, daß die obere Hahnenpfote während des Durchsteckens schön klar von dem übrigen Knoten bleibt!

(3) Stecke die Kardeele weiter unter den Parten der oberen Hahnenpfote durch, wozu du einen Marlspieker brauchst, kappe sie nicht zu kurz und verstecke sie im Innern des Knotens.

83. Der Sternenknoten (Abb. 93)

Verwendung: Zierknoten in Bändseln vor oder im Anschluß an Plattings. Als Knoten am Tampen nicht geeignet, da die Kardeeltampen, wenn sie gekappt werden, leicht aus dem Knoten slippen.

(1) Nimm den Tampen aufrecht in die linke Faust und verteile die *vier* Kardeele in ihrer natürlichen Reihenfolge, also so, wie sie aus dem

Ende kommen, nach den vier Seiten. Strecke den Zeigefinger der linken Hand aus und drehe in die Bucht des auf ihm liegenden Kardeels im Uhrzeigersinn ein Auge, das du über den Zeigefinger stülpst.

Abb. 93 (1)

(2) Strecke den 3. Finger, drehe ein Auge in das Kardeel, das im Uhrzeigersinn neben dem zuerst benutzten Kardeel liegt, und stülpe es über den 3. Finger.
Verfahre ebenso mit Kardeel 3 und 4 (im Uhrzeigersinn gezählt!) und dem 4. und 5. Finger.
Nun fahre mit dem Tampen des Kardeels, das um den 3. Finger liegt, von *unten nach oben* durch das Auge über dem 2. Finger, und verfahre ebenso vom 4. zum 3. und vom 5. zum 4. Finger; dann stecke den Tampen des Zeigefingers von unten nach oben durch das Auge, das um den 5. Finger liegt. Nimm die Spitzen der Finger 2—5, ohne die Finger zu krümmen, zusammen, wobei der 3. Finger auf den 2. und der 4. Finger auf den 5. zu liegen kommt. Hole alle 4 Kardeeltampen sinnig durch.

(3) Du kannst jetzt schon die Finger erkennen, die in Abb. 93 (3) (4) skizziert sind, ein vierblättriges Kleeblatt, aus dessen Blättern die Kardeele herausfahren. Streife den Knoten vorsichtig von den Fin-

gern ab, nimm den Tampen wieder in die linke Faust, so daß die Blätter oben auf der geschlossenen Faust liegen, und bekneife die Mitte des Knotens mit dem Daumen der linken Hand. Hole alle Par-

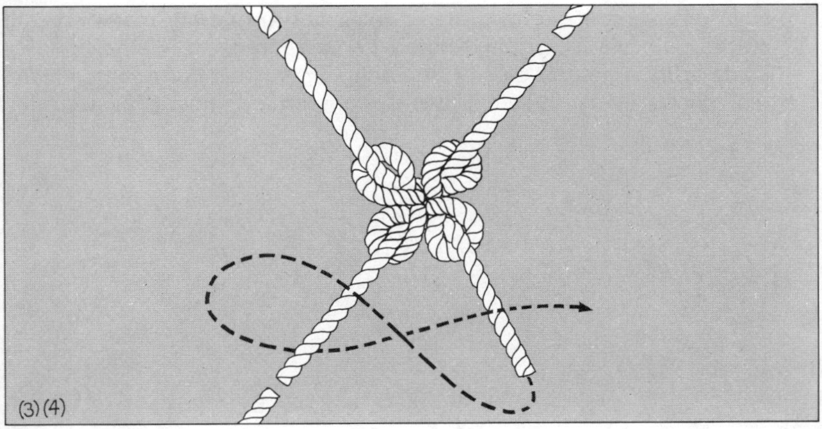

Abb. 93 (3) (4)

ten des Knotens reihum Pull für Pull steif und achte, daß hierbei nicht die Augen umkippen und zu gewöhnlichen Buchten werden.

(4) Ist der Knoten vollkommen steifgeholt, so fahre mit einem Kardeel ein Auge um das *links* von ihm stehende Kardeel, und zwar vom Innern des Knotens nach außen und so, daß sich das arbeitende Kardeel selbst unterfährt. Das Auge muß sich genau auf das unter ihm liegende Blatt des Kleeblatts legen! Nimm das Kardeel, das du soeben umfahren hast, und umfahre ebenso das links von ihm gelegene Kardeel; dann fahre ebenso mit Kardeel 3 um Kardeel 4.

Jetzt fahren die drei Kardeele, mit denen du zuletzt gearbeitet hast, aus der Mitte des Knotens heraus; nimm sie zusammen und lege sie über den linken Handrücken von dir weg. Dann nimm das Kardeel, das du zuletzt umfahren hast, also Kardeel 4, stecke es von innen nach außen durch die Bucht des Kardeels 1, das schon um Kardeel 2 fährt, und stecke es noch unter sich selbst hindurch, so daß auch

hier dasselbe Auge entsteht, wie du es bei den drei anderen Kardeelen gesteckt hast.
Es müssen jetzt *alle* Kardeeltampen aus der Mitte des Knotens herausfahren.

(5) Hole die Kardeele reihum sinnig dicht und ordne sie hierbei, damit sie so, wie sie aus dem Knoten herausfahren, im Viereck liegen. Dann erfasse mit der einen Hand den Tampen, mit der anderen Hand die vier Kardeele und ziehe den Knoten in die Länge. (Willst du den

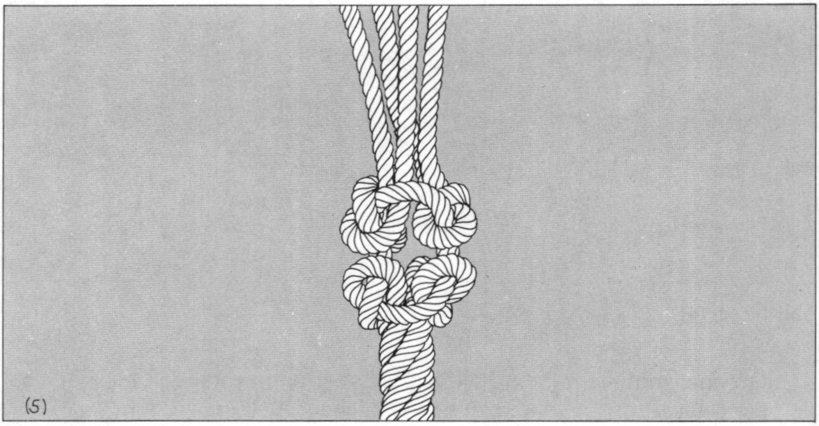

Abb. 93 (5)

Knoten im Tampen stecken, so fahre, wenn der Knoten bis hierher fertig ist, mit jedem Kardeel über den Knoten hinweg und von oben in das *gegenüberliegende* letztgesteckte Auge und dann durch die Knotenmitte wieder nach oben; dann kappe die Kardeele dicht am Knoten.)

84. Die einfache Platting (Abb. 94)

Es ist dies der klassische dreipartige Zopf der kleinen Mädchen. Lege abwechselnd die linke und die rechte äußere Part über die jeweils mittlere Part. Es arbeitet immer die Part, die zuunterst liegt.

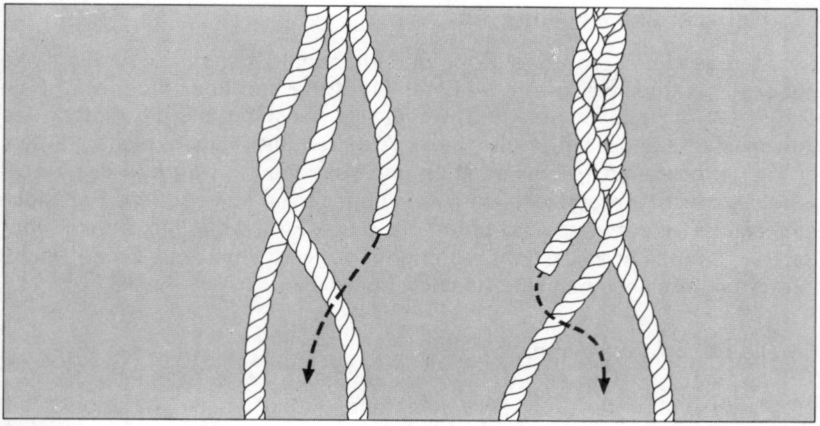

Abb. 94

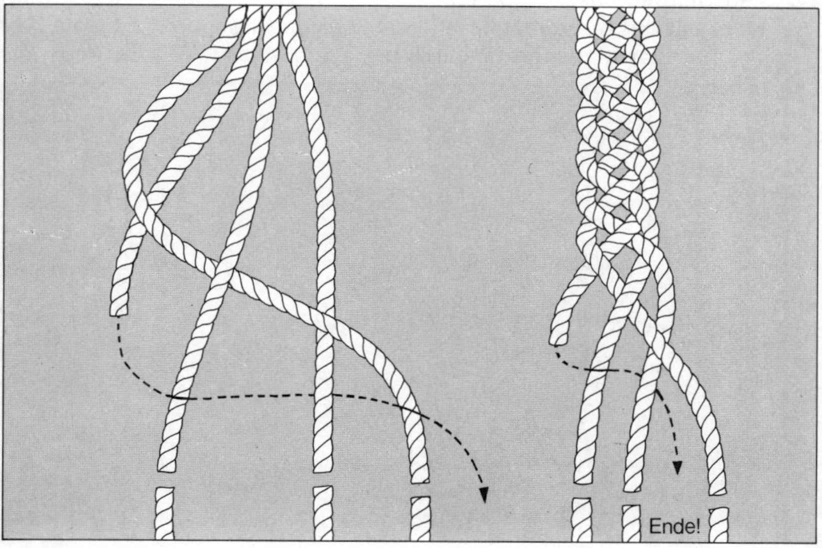

Abb. 95

85. Die französische Platting (Abb. 95)

Es ist dies der vierpartige Zopf der kleinen Mädchen. Lege die linke äußere Part über die zweite — unter die dritte und über die vierte; hole die Parten dicht zusammen und wiederhole dasselbe, bis die Platting die gewünschte Länge hat. Halte beim Arbeiten die Hände dicht an dem schon geflochtenen Teil der Platting und bekneife ihn während des Flechtens mit den Fingerspitzen. Als Abschluß lege die linke äußere Part noch einmal über die zweite und unter die dritte Part, aber nicht mehr über Part 4; dann sichere die Platting, indem du Part 1 mit Part 2 und Part 3 mit Part 4 durch je einen Überhandknoten verbindest.

86. Die Flachplatting (Abb. 96)

(1) Lege die Parten von dir weglaufend und setze die Mittelpart (bei vier Parten die *beiden* Mittelparten) an dem von dir weggelegenen Tampen fest (Webeleinenstek um einen Nagel oder dergleichen).

(2) Lege mit der *linken* äußeren Part eine Bucht *über* die Mittelpart(en); fahre mit der rechten äußeren Part *über* den Tampen der linken Part — unter der Mittelpart hindurch und *von unten nach oben* durch die

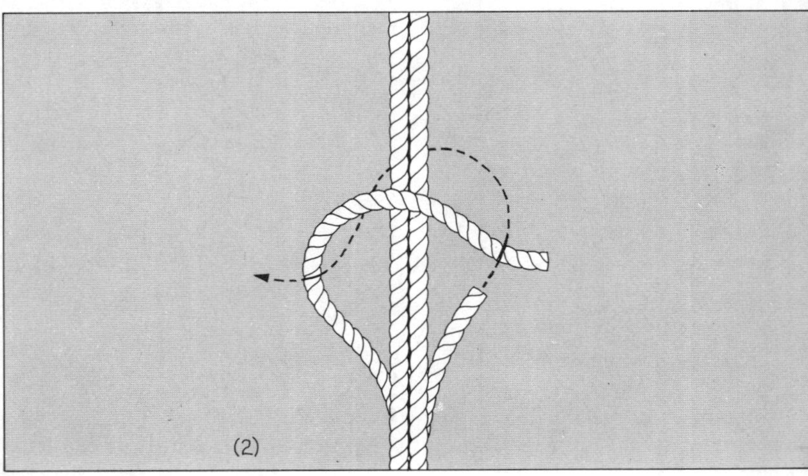

Abb. 96 (2)

Bucht der linken Part. (Es ist dies ein gewöhnlicher Überhandknoten *um* die Mittelpart, den du nach dem zweiten oder dritten Durchstekken auch automatisch als solchen ausführst.)

(3) Wiederhole dasselbe, jedoch lege diesmal die *rechte* Part *über* die Mittelpart und die *linke darunter.*
Achte! Die Part, die erstmals *über* der Mittelpart gefahren ist, fährt *immer* über ihr!

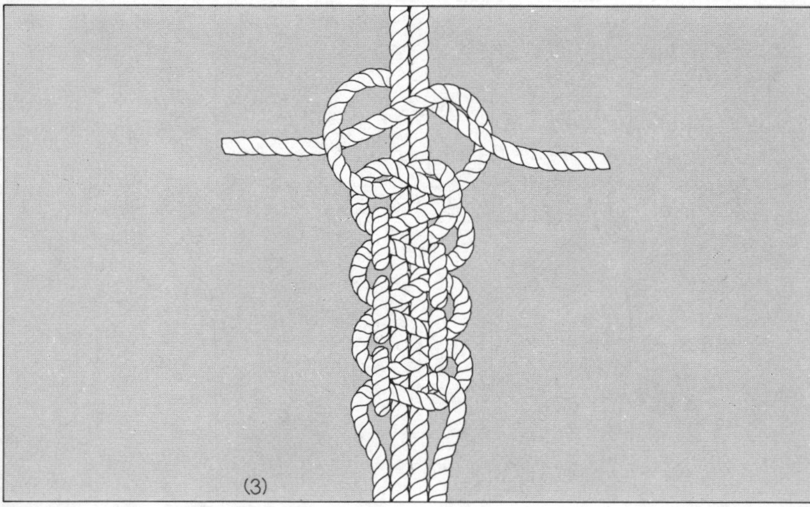

Abb. 96 (3)

(4) Fahre, indem du einmal die rechte und einmal die linke Part *über* die Mittelpart legst, so fort, bis die Platting die gewünschte Länge hat.

87. Die Schraubenplatting

Verfahre genau, wie bei der Flachplatting (Ziff. 86) beschrieben, jedoch lege *immer* die *linke* Part *über* die Mittelpart. Im Gegensatz zur Flachplatting fährt also immer die Part über die Mittelpart, die beim letzten Überhandknoten unter ihr gefahren ist.

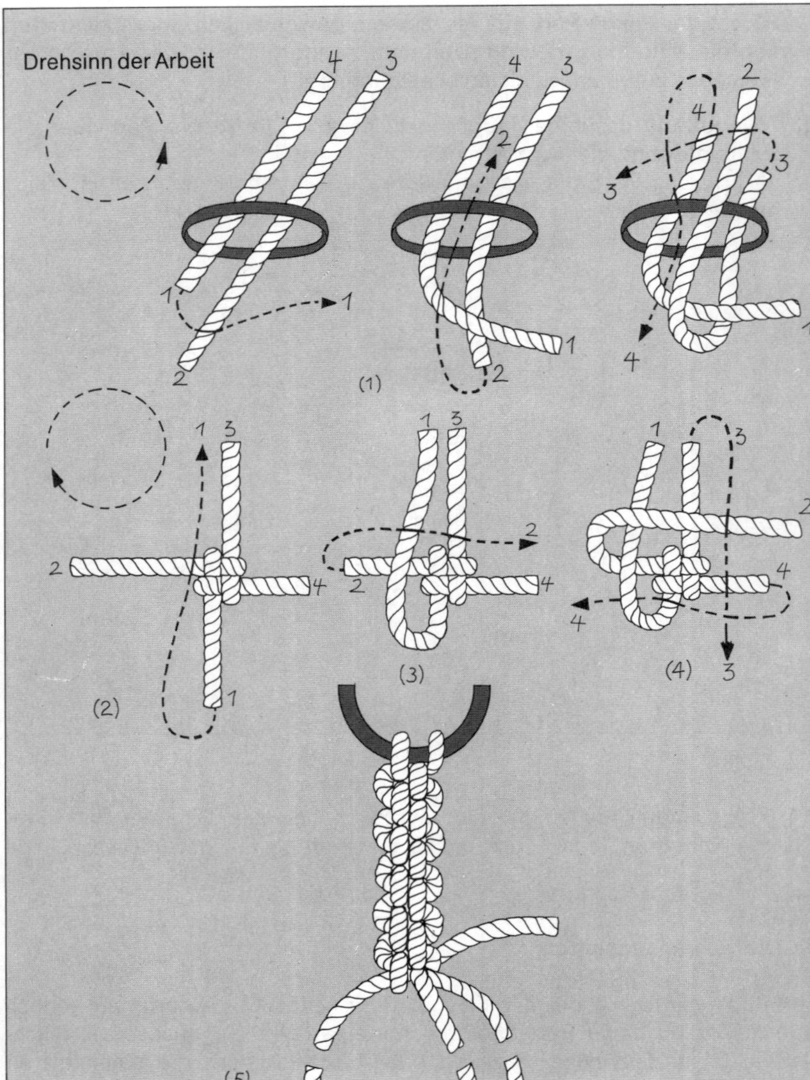
Drehsinn der Arbeit
4
3
1
1
2
(1)
2
2
1
2
4
3
3
4
1
1
3
2
4
1
(2)
1
3
2
2
4
(3)
3
1
2
4
4
(4)
3
(5)

Abb. 97

Über der Mittelpart liegen dann nicht wie bei der Flachplatting ganze Buchten, sondern Querschläge und die Platting bekommt eine Verwindung, die um so stärker ist, je dichter die einzelnen Überhandknoten geholt werden.

88. Die Vierkantplatting (Abb. 97)

(1) Schere zwei Tampen bis zur Mitte durch den Ring eines Karabinerhakens (an dem dann die Batteriepfeife angesteckt wird) oder um einen kurzen Hilfstampen (der später entfernt wird) und stecke mit den so entstehenden *vier* Parten eine Hahnenpfote (Ziff. 9) um den Ring.

(2) Lege den auf dich zuweisenden Tampen 1 über die Hahnenpfote hinweg neben Tampen 3 und parallel zu diesem.

(3) Lege den *Nachbartampen* des Tampens 1, der von der Bucht des Tampens 1 *weiter entfernt* ist, also Tampen 2, ebenfalls über die Hahnenpfote hinweg neben Tampen 4.

(4) Arbeite im gleichen Drehsinn, also im Uhrzeigersinn, weiter, und lege den Tampen 3 und dann den Tampen 4 über die Hahnenpfote. Tampen 4 fährt dann über Tampen 3 und wird durch die Bucht des Tampens 1 gesteckt, wodurch eine neue Hahnenpfote entsteht.

(5) Wiederhole dasselbe (1)—(4), nimm aber diesmal die Reihenfolge der Tampen im *umgekehrten Drehsinn,* also entgegen dem Uhrzeigersinn.

(6) Fahre so fort, indem du nach jeder fertigen Hahnenpfote den Drehsinn wechselst, bis die Platting die gewünschte Länge hat. Hast du einmal vergessen, in welchem Drehsinn du die letzte Hahnenpfote gelegt hast, so achte, daß nach dem Legen des Tampens 1 immer derjenige Nachbartampen gelegt wird, der von der Bucht des Tampens weiter entfernt ist!

89. Die Rundplatting (Abb. 98)

(1) Stecke eine Hahnenpfote, wie unter Ziff. 88 beschrieben.

(2) Lege den Tampen 1 *schräg* über die Hahnenpfote zwischen Tampen 2 und 3.

(3) Lege den Tampen 2 ebenfalls schräg über die Hahnenpfote zwischen Tampen 3 und 4.
(4) Lege Tampen 3 zwischen Tampen 4 und 1 und stecke Tampen 4 durch die Bucht von Tampen 1.
(5) Wiederhole dies in immer *gleichem* Drehsinn.

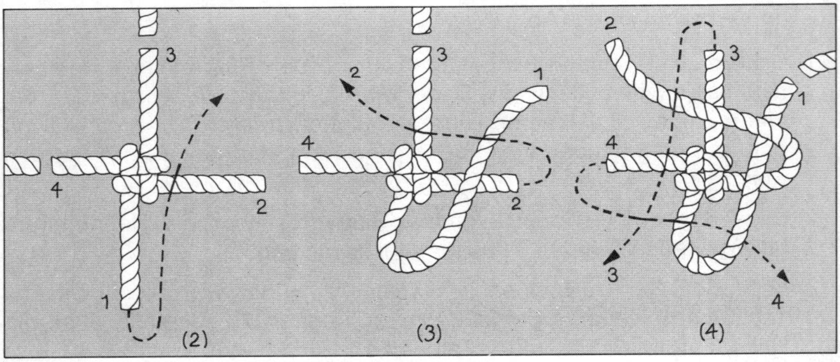

Abb. 98

90. Mit vieren rund

a) gerade
b) spiralisch

Der Unterschied wird nur sichtbar, wenn zwei verschiedenfarbige Tampen verwandt werden.

a) gerade (Abb. 99)

(1) Schere zwei Tampen bis zu ihrer Mitte durch den Ring eines Karabinerhakens oder um einen Hilfstampen und lasse sie mit ihren Buchten wie zwei Haarnadeln ineinanderliegen. Achte, daß die Parten so zueinander liegen, wie in Abb. 99 (1) gezeichnet.
(2) Fahre mit der äußersten linken Part 1 *hinter* den Mittelparten 2 und 3 hindurch und über Part 3 zurück, so daß Part 1 zwischen 2 und 3 zu liegen kommt.
(3) Fahre mit der äußersten rechten Part 4 ebenfalls *hinter* den beiden Mittelparten (jetzt 1 und 3!) vorbei und über Part 1 zurück, so daß Part 4 zwischen die Mittelparten 1 und 3 zu liegen kommt.

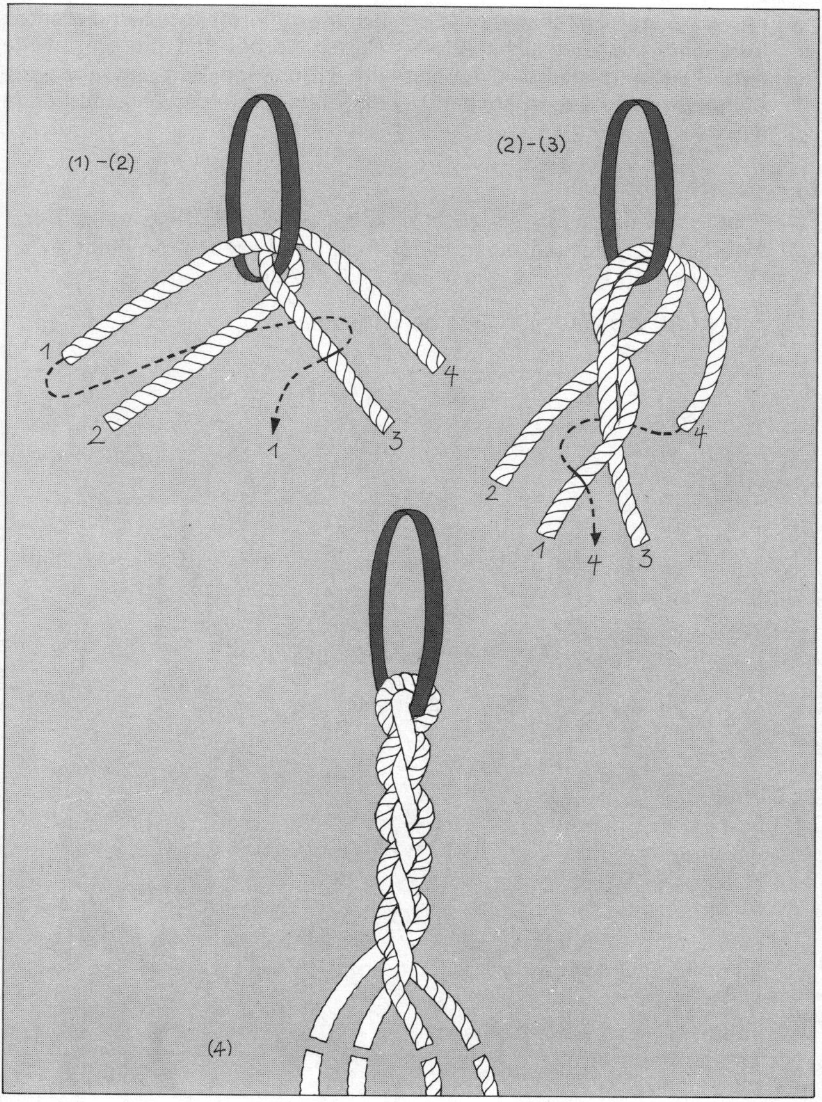

Abb. 99

(4) Fahre weiter abwechselnd mit der jeweils äußeren linken und rechten Part *hinter* den jeweils mittleren Parten vorbei und um die zweite der Mittelparten zurück, so daß die arbeitende Part zwischen die Mittelparten zu liegen kommt, bis die Platting die gewünschte Länge hat.

b) spiralisch (Abb. 100)

(1) Schere zwei Tampen bis zu ihrer Mitte durch den Ring eines Karabinerhakens oder um einen Hilfstampen und kreuze die beiden Parten des einen Tampens, wie in Abb. 100 gezeigt.

(2) Fahre fort, wie unter Ziff. 90 a beschrieben.

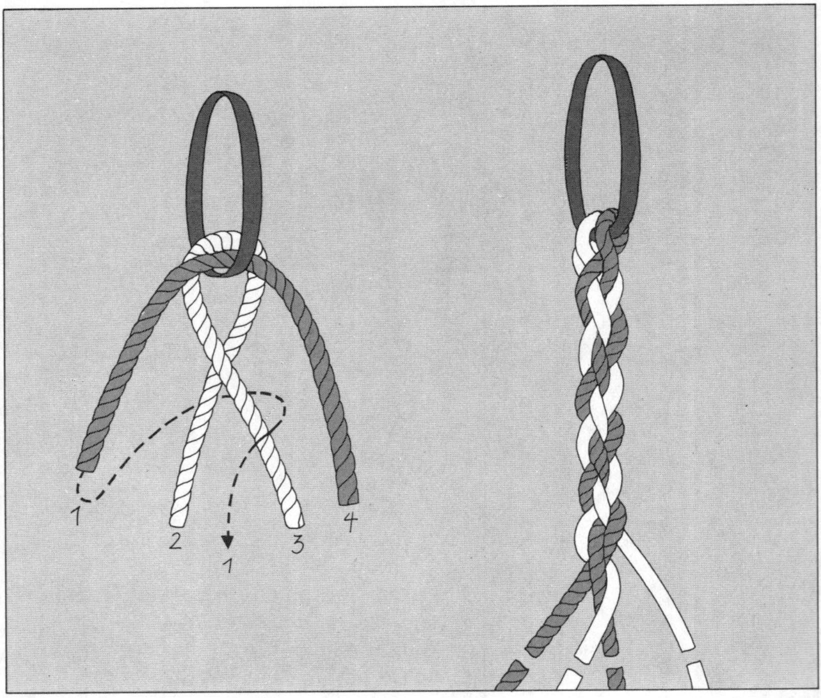

Abb. 100

91. Die Kettenplatting

(1) Lege zwei Tampen parallel nebeneinander; schieße in deren Mitte und rechtwinklig zu ihnen zwei weitere Tampen ein, wie in Abb. 101 (1) gezeigt ist.
Nimm den *unten*liegenden Tampen 1 und lege ihn über die Figur hinweg auf seine andere Part.
Nimm von den beiden *unten*liegenden Nachbartampen des Tampens 1 den, der *weiter* von der entstandenen Bucht des Tampens 1 entfernt ist, also Tampen 2, und tue dasselbe.

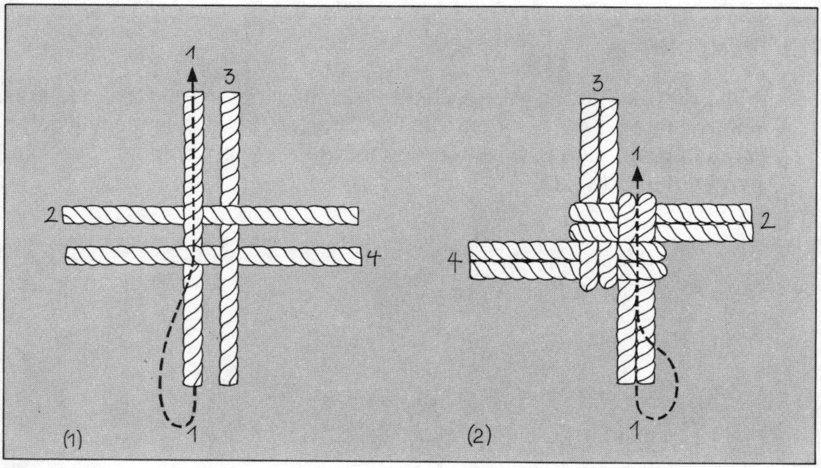

Abb. 101

(2) Fahre so im gleichen Drehsinn fort und stecke dann den Tampen 4 durch die Bucht des Tampens 1.
Du hast nun eine Figur, die gleich der Anfangsfigur der Vierkantplatting (Ziff. 88) ist, nur daß alle Parten doppelt fahren.

(3) Fahre fort, wie bei der Vierkantplatting (Ziff. 88) beschrieben.

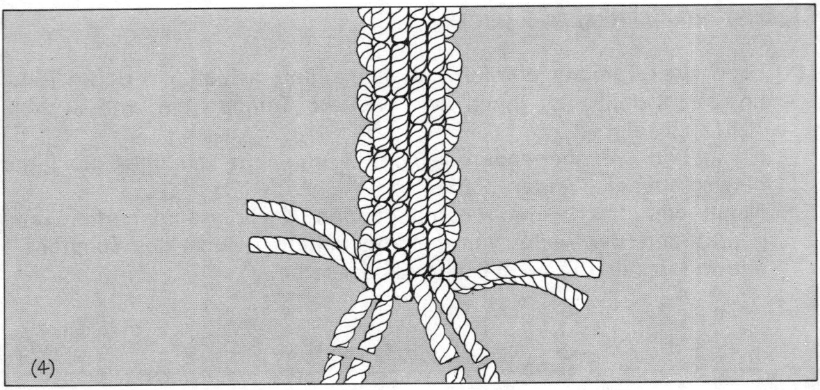

Abb. 101 (4)

(4) Willst du die Platting im Anschluß an einen Knoten stecken, so setze einen Knoten vor, bei dem die vier Parten *oben* aus dem Knoten herausfahren, also z. B. einen doppelt gefahrenen zweipartigen Diamantknoten (Ziff. 76).

Abb. 101 (3)

Stelle den Knoten senkrecht und lege seine vier Parten nach zwei entgegengesetzten Seiten paarweise aus. Dann schieße zwei fremde Tampen *beiderseits der Knotenmitte* ein, wie unter (1) beschrieben und fahre nach der unter (1) gegebenen Beschreibung fort.

Tabellen über Materialwerte

92 a Technische Werte für Tauwerk aus Pflanzen- und Kunstfasern*)

Rechn. Reiß-festigkeit ca. kg	Fallen 3 kardeelig				Rechn. Reiß-festigkeit ca. kg	Schoten			
	Hanf		Sisal/Manila			Baumwolle		Perlon	
	mm Ø	Gewicht kg/100m	Ø mm	Gewicht kg/100m		mm Ø	Gewicht kg/100m	mm Ø	Gewicht kg/100m
250			6	2,8	120	6	2,5		
280	6	3,3			240	8	4,0		
410			8	5,0	360	10	6,0		
450	8	5,8			420	12	8,0		
600			10	7,6	565			6	2,2
660	10	9,2			1050			8	4,4
730			12	11,0	1450			10	6,2
810	12	12,5			2070			12	8,8
990			14	14,0	2820			14	12,0
1090	14	16,0			3690			16	15,7
1260			16	18,5					
1400	19	21,0							

Technische Bezeichnung:

Z-Schlag
(rechts geschlagen)

S-Schlag
(links geschlagen)

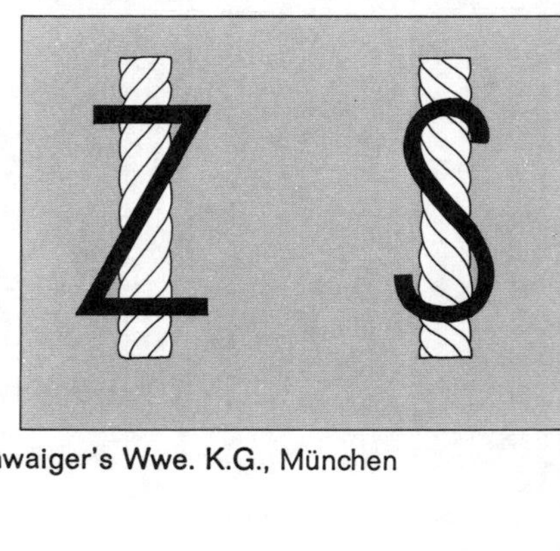

*) Nach der Liste des Tauwerks Jos. Schwaiger's Wwe. K.G., München

92 b Technische Werte für Drahttauwerk*)

Stehendes Gut

Rechn. Reiß-festigkeit	Handelsüblich 130—140 kg/qmm Festigkeit			Drahtlitzen ca. 220 kg/qmm Festigkeit		
ca. kg	Ø mm	Konstruktion	Gewicht kg/100m	Ø mm	Konstruktion	Gewicht kg/100m
275				1,5	7 x 0,5	1,17
390	3	6 x 4 = 24 x 0,40 + 1S	3,0			
395				1,8	7 x 0,6	1,68
540				2,1	7 x 0,7	2,27
749				2,5	19 x 0,5	3,17
910	4	5 x 7 = 35 x 0,50 + 1S	6,4			
1075				3	19 x 0,6	4,55
1290	5	5 x 7 = 35 x 0,60 + 1S	9,2			
1460				3,5	19 x 0,7	6,21
1550	6	6 x 7 = 42 x 0,60 + 1S	11,5			
1580	6	6 x 6 = 36 x 0,65 + 7S	11,5			
2090				4,2	37 x 0,6	8,87
2310	7	7 x 7 = 35 x 0,80 + 1S	17,0			
2600	8	8 x 8 = 42 x 0,80 + 1S	20,0			
2850				4,9	37 x 0,7	12,10
3720				5,6	37 x 0,8	15,80
4710				6,3	37 x 0,9	20,00
7030				7,7	37 x 1,1	30,00

Laufendes Gut

285	3	6 x 12 = 72 x 0,20 + 7S	2,5
345	3	6 x 9 = 54 x 0,25 + 7S	2,7
455	3	6 x 19 = 114 x 0,20 + 1S	3,4
460	4	6 x 12 = 72 x 0,25 + 7S	3,8
660	5	6 x 12 = 72 x 0,31 + 7S	6,0
880	5	6 x 12 = 72 x 0,40 + 7S	6,8
1115	5	6 x 19 = 114 x 0,31 + 1S	8,1
1180	5	6 x 9 = 54 x 0,40 + 7S	8,6
1180	6	6 x 12 = 72 x 0,40 + 1S	10,0
1400	6	6 x 9 = 54 x 0,50 + 7S	10,6

Erläuterungen auf Seite 154

*) Nach der Liste des Tauwerks Jos. Schwaiger's Wwe. K.G., München

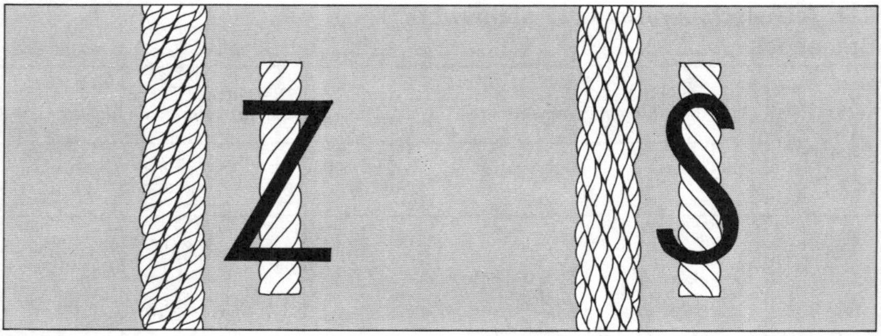

Z-Schlag
(rechts geschlagen)

S-Schlag
(links geschlagen)

Erläuterung:

Handelsüblich

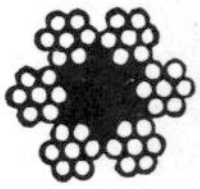

6 x 7 = 42 x 0,80 + 1 S heißt:

6 Kardeele aus je 7 Drähten = 42 Drähte von je 0,80 mm Durchmesser + 1 Hanfseele in der Mitte des Endes.

6 x 12 = 72 x 0,20 + 7 S heißt:

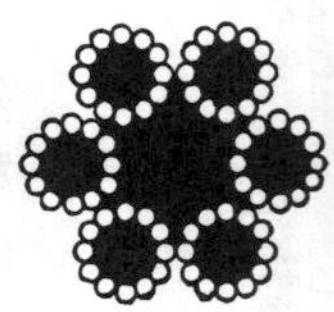

6 Kardeele aus je 12 Drähten = 72 Drähte von je 0,20 mm Durchmesser + 7 Hanfseelen, also 1 Hanfseele in der Mitte des Endes und je 1 Hanfseele in jedem Kardeel.

Drahtlitze

19 x 0,5 heißt:

19 Drähte von je 0,5 mm Durchmesser.

Bei der Wahl der Konstruktion sind die Preisunterschiede zu beachten! Je mehr Seelen und je mehr Einzeldrähte, desto teurer das Gut!

93 a Faustwerte für Segeltuchstärken*)

Segelfläche des Bootes	Großsegel	Fock			Ballon		Spinnaker
		1. Leichtwetter	2. Schwerwetter	Sturm	Raum	Kreuz (Genua)	
qm	Nr.	Nr.	Nr.	Nr.	Nr.	Nr.	Nr.
—20	14—13	14	—	13	Spinnakertuch	Spin.-Tuch oder 15	Spinnakertuch
20—30	13—12	14	13—12	12	Spinnakertuch	15—14	Spinnakertuch
30—45	13—11	14	12	12	Spinnakertuch	14—13	Spinnakertuch
45—60	10	13	12	11	Spinnakertuch	13—12	Spinnakertuch
60—75	8	12—10	9—8	6	Spinnakertuch	11	Spinnakertuch
75—100	7—6	9	7	6	Spinnakertuch	11—10	Spinnakertuch

Rennsegel halten sich an den unteren, Tourensegel an den oberen Gewichtswert der angegebenen Tuchqualitäten.

Tuchqualitäten und Gewichte**)

Nr.	Gramm/qm
Spinnakertuch aus Perlon	ca. 55—60
Spinnakertuch aus Mako	ca. 75
Mako 15	ca. 170—200
Mako 14	ca. 205—208
Mako 13	ca. 210—220
Mako 12	ca. 270
Mako 11	ca. 310
Mako 10	ca. 365
Mako 9	ca. 400
Mako 8	ca. 435
Mako 7	ca. 500
Mako 6	ca. 555

*) Nach Segelmachermeister W. Böttcher, München.
**) Nach Liste der Segeltuchfabrik Fröhlich & Wolff, Kassel.

93 b Faustwerte für Segeltuche aus Diolen und dergleichen*)

Segelfläche des Bootes qm	Großsegel gr	Fock 1. Leichtwetter gr	Fock 2. Schwerwetter gr	Fock Sturm gr	Ballon Raum gr	Ballon Kreuz gr	Spinnaker gr
—20	100—140	100	100	140	55	100	55
20—30	150—190	140	160	190	55	120	55
30—45	180—260	180	240	260	55	120	55
45—60	260—310	240	290	310	55	180	55
60—100	310—400	260	310	400	55	180	55

Allen diesen Faustwerten gehen bestehende Klassen-Vorschriften, wie sie für einige Bootsklassen bestehen, vor.

Reißfestigkeiten von Kunststoffen-(BLUEDYTEX-)Segelstoffen

100/110 g/qm = 90 kg	240/260 g/qm = 215 kg
130/140 g/qm = 115 kg	270/290 g/qm = 250 kg
150/160 g/qm = 135 kg	290/310 g/qm = 255 kg
180/190 g/qm = 160 kg	340/360 g/qm = 300 kg
200/210 g/qm = 175 kg	400 g/qm = 335 kg

Die Reißfestigkeiten verstehen sich bei 5 cm Streifenbreite und 20 cm Einspannlänge.

*) Nach Segelmacher W. Böttcher, München.

Stichwortverzeichnis

16,80